영국에 영어는 없었다

영어와 프랑스어의 언어 전쟁

영국에
영어는
없었다

김동섭 지음

영국에 영어는 없었다

1판 1쇄 발행 | 2016년 3월 10일
1판 3쇄 발행 | 2016년 12월 12일

지은이 | 김동섭
주 간 | 정재승
교 정 | 홍영숙
디자인 | 배경태
펴낸이 | 배규호
펴낸곳 | 책미래

출판등록 | 제2010-000289호
주 소 | 서울시 마포구 공덕동 463 현대하이엘 1728호
전 화 | 02-3471-8080
팩 스 | 02-6085-8080
이메일 | liveblue@hanmail.net

ISBN 979-11-85134-31-4 03920

국립중앙도서관 출판시도서목록(CIP)

영국에 영어는 없었다 / 지은이: 김동섭. -- 서울 : 책미래,
2016
    p. ;   cm

ISBN 979-11-85134-31-4 03920 : ₩14000

영어사[英語史]
유럽 역사[--歷史]

740.9-KDC6
420.9-DDC23   CIP2016005347

들어가면서

인류 문명은 이집트를 비롯한 고대 문명에서 발원하여, 인도와 중국을 거쳐 서유럽의 몇몇 나라들이 헤게모니를 주고받으며 오늘에 이르고 있다. 중국은 도자기로 세계 경제를 제패했으며, 스페인과 포르투갈은 신대륙의 막대한 부를 통해, 그 뒤를 이은 영국과 프랑스도 많은 해외 식민지를 통해 부를 축적하였다.

영국과 프랑스는 로마 제국이 붕괴된 후에 가장 먼저 서유럽에서 중앙집권 중심의 국가를 완성한 나라들이다. 영국은 앵글로-색슨족의 나라이고, 프랑스는 로마 문명의 계승자이자 로마 가톨릭의 장녀로 군림했던 나라이다. 두 나라는 근대에 들어와 세계 곳곳에서 충돌했으나 대부분은 영국의 승리로 끝났다.

지금은 영어의 시대라고 해도 과언은 아니다. 영어는 국제어로서 그 위상을 확고히 다졌으며, 이미 구축된 언어적 기반은 인터넷을 통해 국제 사회에서 더욱 더 견고해지고 있다.

자연언어는 그 언어를 사용하는 집단의 흥망성쇠에 그 운명이 달려 있다. 9세기의 프랑스어는 파리 근교에서 사용되던 여러 방언 중의 하나에 불과했지만, 프랑스 왕국의 영향력이 신장되면서 지금의 프랑스 전역에서 사용되는 언어로 발전하였다.

영어의 경우는 프랑스어보다 더 극적인 반전을 겪었다. 11세기에 브리튼 섬에서 영어를 사용하는 인구는 100만 명 정도밖에 되지 않았다. 같은 시기에 대륙에서 프랑스어를 사용하는 인구가 1,000만 명을 넘었던 것에 비하면 영어의 위상이 그리 높지 않았음을 알 수 있다.

역사는 작은 사건에서 시작되지만 그 결과는 역사의 흐름을 바꾸어 놓기도 한다. 11세기 영국과 프랑스에서는 북방인이라고 불렸던 바이킹들로 인해 자신들의 역사가 송두리째 바뀌는 일이 벌어졌다. 춥고 척박한 동토의 땅에서 따뜻한 땅을 찾아 떠났던 바이킹들은 브리튼 섬뿐만 아니라, 프랑스의 노르망디에도 정착을 하게 된다. 이 사건이 서양 역사의 흐름을 바꾸게 되었고, 영국과 프랑스는 100년이 넘는 전쟁을 치르게 된다.

영어는 영국에서 사용되는 언어이다. 그런데 영어가 고향인 영국에서 수백 년간 홀대를 받으며 문자로도 기록되지 못했다면 다소 의아할 것이다. 도대체 무슨 이유로 영어는 그런 대접을 받았을까? 이 문제에 대한 답은 중세 서양 사회의 특징에서 찾을 수 있다.

서양 민족의 뿌리는 게르만족이다. 로마 제국이 멸망한 뒤에 새로운 주인으로 들어온 게르만족의 풍습은 나라의 형태를 정하는 데도 중요한 역할을 하였다. 예를 들어 가부장의 재산은 자식들에게 균등하게 배분된다. 만약 그렇지 않을 경우, 자식들 간에 무력 충돌도 합법화될 수 있었다. 이러한 법칙은 왕국의 상속에도 그대로 적용되었다. 원칙적으로 장남이 아버지의 영지를 물려받지만 그 밑의 아들들도 잠재적인 유산의 상속자들이었다.

1066년, 프랑스 노르망디의 공작 윌리엄은 도버 해협 건너편의 영국 왕국이 자신의 것이라고 생각했다. 윌리엄의 5촌 당숙부인 참회왕 에드워드가 생전에 영국 왕국을 자신에게 물려주겠다고 약속을 했다는 것이다. 그런데 색슨족의 현인회는 에드워드의 처남인 헤롤드가 왕위 계승권자라고 결정한다. 이 결정에 대해 윌리엄이 분노한 것은 당연했는지 모른다. 결국 윌리엄은 군대를 일으켜 영국 정벌에 나섰고, 그 정복을 완수하고 1066년에 웨스트민스터 사원에서 영국의 왕위에 오른다. 여기까지가 이 책의 역사적 배경이다.

이후, 영국에서 영어는 암흑기에 들어간다. 바다를 건너온 노르만 왕조에서 영어는 설 자리를 잃어버리고 만 것이다. 영국에서는 프랑스어를 모국어로 사용하는 왕들이 1399년까지 영국을 통치했다. 윌리엄의 정복이 있었던 1066년부터 무려 333년간 영국 왕은 프랑스어를 공식석상에서 사용했다는 말이다.

이 책에서는 이 기간 동안 영국과 프랑스에서 벌어진 주요한 역사적 사건들과 언어적 변화들을 통하여 두 언어가 어떠한 부침을 거듭했는지 말하고자 한다. 이 기간 동안 영국 왕국에서는 어떤 일이 벌어졌는지, 영어와 프랑스어 위상은 양국에서 어떻게 변해갔는지 살펴볼 것이다.

언어는 문화의 아이콘이다. 같은 언어를 사용한다는 사실은 문화적 동질감을 확인할 수 있는 중요한 단서를 제공한다. 하지만 지금부터 약 1,000년 전에 영국과 프랑스에 살던 사람들은 자신들이 사용하는 언어보다 자신들이 섬겨야 할 주군에 따라 운명이 바뀌었다. 프랑스 왕이 후계자가 없이 사망하자, 프랑스 왕위를 요구하며 전쟁을 일으킨 영국 왕, 광활한 프랑스 남부의 아키텐 공국을 영국 왕과의 결혼을 위해 지참금으로 가져간 여인, 이러한 인물들은 현대인의 시각으로 보면 이해하기 힘들지 모른다. 하지만 중세 서양에서는 빈번한 일이었으며, 아무도 그러한 사건들이 부당하다고 반대하지 않았다. 이런 사건들 속에서 언어는 변신을 한다.

이 책은 영어가 풍전등화와 같은 위기의 시기를 어떻게 헤쳐 나갔는지 그 과정을 보여 준다. 1066년 노르망디의 윌리엄 공이 잉글랜드를 정복한 이후, 영어는 문학어와 왕국의 공식 행정 언어로서의 위상을 상실하여 절체절명의 순간을 맞이하였다. 하지만 영어는 그 위기의 시간을 극복하고 지금의 자리를 차지하게 되었다.

국가의 위기도 개인의 위기와 다르지 않다. 위기의 시기를 무려 4세기 동안 견디어 왔던 영어의 잠재력은 개인도 그러한 위기에 봉착했을 때 분명히 탈출구가 있다는 것을 역사를 통하여 우리에게 증거하고 있다. 그런 의미에서 불투명한 미래를 가진 이 땅의 젊은이들도 영어가 지나온 역경의 시간과 극복의 과정을 자신들의 귀감으로 삼을 수 있을 것이다.

끝으로 이 책의 출간을 흔쾌히 허락해 준 책미래의 대표님과 집필 과정에서 조언을 해 주신 수원대 사학과의 박환 교수님과 영문과의 이용관 교수님에게 심심한 감사의 말씀을 드린다. 그리고 원고의 교정을 꼼꼼히 봐 준 아내 권희원에게 감사의 말을 전한다.

2016년 입춘(立春)

김동섭

| 차례 |

들어가면서   7

1. 윌리엄 공 영국을 정복하다

영국 왕실의 문장, ‘신과 나의 권리’   19

1035년, 서자 윌리엄 노르망디 공이 되다   22

1066년, 윌리엄 공 영국 정벌에 나서다   25

비운의 왕 헤롤드, 헤이스팅스에서 생을 마감하다   33

윌리엄의 정복, 바이외의 태피스트리에 남다   37

최후 심판의 날, 둠즈데이북   43

노르망디의 제도, 영국에 수입되다   45

2. 프랑스어, 영국 왕들의 모국어가 되다

영어, 4백년간 긴 동면에 들어가다   53

중세 영국은 이중 언어의 사회였는가?   56

가축을 기르는 자와 먹는 자   58

정복 이전의 영어, 룬 문자   61

윌리엄의 정복, 영어의 철자 체계를 바꾸어 놓다   65

현대 영어와 프랑스어, 철자는 같지만 발음이 다르다   67

헨리 2세, 광활한 플랜태저넷 제국을 건설하다   70

알리에노르, 프랑스의 왕비에서 영국의 왕비로   74

영국 왕실의 왕비들   78

헨리 2세의 왕자들   82

"버터로 되어 있어도 지킬 수 있다!"   86

1215년, 존 왕 대헌장에 서명하다   96

대헌장, 800년을 맞이하다   100

❸ 백년전쟁, 영어와 프랑스어의 전쟁

에드워드 1세, 영국을 깨우다   105

에드워드 3세, 백년전쟁을 일으키다   109

적국의 언어, 프랑스어를 배워라   115

1340년, 에드워드 3세 프랑스어 서한을

필립 6세에게 보내다   117

"사념(邪念)을 품은 자에게 화가 있으라!"   121

백년전쟁 중 언어의 변화   124

전쟁에서 살아남으려면 적군의 언어를 배워라   126

에드워드 3세, 칼레 시민에게 영어로 연설을 하다   129

리처드 2세, 프랑스어를 모국어로 사용한 마지막 왕   133

헨리 4세, 영어를 모국어로 사용한 최초의 왕   134

프랑스어의 몰락   138

윌리엄, 영어를 살리다   141

Law French , 17세기까지 존속하다   143

④ 영어, 동면에서 깨어나다

백년전쟁에서 영국이 승리했다면?   151

영국, 칼레를 잃고 대양으로 나아가다   155

왜 프랑스에는 여왕이 없을까?   157

엘리자베스 1세 스페인의 무적함대를 격파하다   161

영어, 셰익스피어의 언어로 재탄생하다   164

영어, 국제 공용어의 틀을 잡아가다   169

숙명의 라이벌 프랑스를 제압하다   171

빅토리아 여왕, 영어를 국제 공용어에 올려놓다   176

엘리자베스 2세 여왕은 아직도 노르망디 공   180

다시 엘리자베스 2세 여왕으로   182

⑤ 프랑스어의 흔적들

프랑스, 영국에 졌지만 영어에 프랑스어를 남기다   189

영어에 남아 있는 프랑스어   191

영국의 대학은 프랑스의 중학교?   203

프랑스어를 알면 영어를 이해할 수 있다   205

영어에서 사라진 고유어   208

영어에 차용된 프랑스 어휘들   211

글을 마치면서   217

중세 영국과 프랑스 왕가의 가계도

일러두기

- 인명 표기: 인명은 가급적 본인들이 사용하던 언어에 따라 표기하였다.

  ◑예: 알리에노르_Aliénor_는 프랑스어로 표기, 영어 표기는 엘레오노르_Eleanor_.
  사자심왕 리처드의 프랑스어 표기는 Richard Cœur de Lion, 영어 표기는
  Richard the Lionheart.

- 이탤릭체 표기: 영어와 프랑스어의 고어형, 라틴어 어원 그리고 작품 제목
  등에 사용되었다.

  ◑예: 고대 영어 _nīman_, 라틴어 _cannabis_, 〈필립 4세에게 신하의 예를 드리
  는 에드워드 1세_Hommage d'Edouard Iᵉ à Philippe le Bel_〉

- 지명과 원어의 병기 표기법: 한글 지명과 용어 옆에 작은 활자로 원어를 병
  기하였다.

  ◑예: 팔레즈_Falaise_, 주탑_Donjon_

15

윌리엄 공 영국을 정복하다

영국 왕실의 문장, '신과 나의 권리'

올해로 즉위 65년째를 맞이한 영국의 엘리자베스 2세 여왕, 19세기에 전 세계를 호령했던 대영제국의 빅토리아 여왕이 가지고 있던 기록(재위 기간 63년 7개월 2일)도 2015년 9월 9일자로 경신하고 날마다 새로운 기록을 쓰고 있다. 사진은 1960년 영연방의 총리들이 한자리에 모인 어느 날, 여왕을 비롯한 일행들이 기념 촬영을 하려는 순간이다. 뒤에는 영국 왕실의 상징인 사자가 보인다. 왕실의 공식 문장(紋章)이다. 그런데 저 문장에는 도대체 무슨 말이 적혀 있는 것일까? 호기심은 지식의 원천이다. 저 말이 무슨 뜻인지 궁금해진다. 이 책의 출발은 저 문장에 적힌 몇몇 문구들로부터 시작된다.

한때 해가 지지 않는 나라로 불리던 대영제국, 대문호 셰익스피어와

인도를 바꾸지 않겠다던 자존심 강한 나라…. 하지만 달이 차면 기울고, 화무십일홍(花無十日紅)이란 말이 있는 것처럼 대영제국도 제1차 세계대전을 정점으로 새로운 패자(覇者) 미국에게 그 자리를 내주고 말았다. 그런데 하필 영국의 패권을 넘겨받은 나라가 같은 영어를 사용하는 미국이었다. 결국, 미국은 대영제국이 영어로 일궈온 세계의 패권을 힘들이지 않고 고스란히 넘겨받았다. 만약 비영어권인 독일이 영국의 패권을 넘겨받았다면, 영어권에 대한 영국의 영향력은 그대로 유지되었을 것이다.

영국은 입헌군주국이다. 여왕이 국가의 원수이며 왕실에는 왕실을 상징하는 공식 문장(The Coat of Royal Arms)이 있다. 이 왕실 문장에서 우리는 이 책에서 다루려는 영국과 프랑스의 각별한 언어적 인연에 대한 단초를 찾으려고 한다. 이제부터 영국이라는 국명은 잉글랜드로 표기해야 한다. 왜냐하면 이 책의 중심 무대는 11세기부터 15세기까지인데, 이 시기의 브리튼 섬에는 잉글랜드 왕국과 스코틀랜드 왕국이 양립하고 있었기 때문이다. 하지만 통념상 영국이 낯익은 명칭이므로 잉글랜드 대신 영국으로 사용함을 널리 이해해 주기 바란다.

영국 왕실의 공식 문장(The Coat of Royal Arms)

왼쪽의 그림은 흑백 사진에서 보았던 영국 왕실의 공식 문장이다. 이 그림은 영국 왕실의 공식 홈페이지에 올라와 있는데, 사자, 유니콘, 붉은 바탕의 사자들 그리고 장미들이 영국을 상징하는 아이콘들이다. 빅토리아 여왕 시대의 화려한 영화를 보여 주는 듯하다.

그런데 왕실의 모토motto, 즉 제명(題銘)에 사용된 말들은 아무리 보아도 영어 같지는 않다. 하지만 기초 프랑스어 정도만 배운 사람이면 이 제명이 프랑스어로 된 것임을 금방 알 수 있을 것이다. 단어들의 의미는 다음과 같다: *Dieu* (God), *et* (and), *mon* (my), *droit* (right). 이 제명의 뜻은 '신과 나의 권리'인데, 영국 왕의 절대적인 권리를 천하에 알리고 있다.

이 문장의 정면에는 파란 허리띠에 적힌 또 다른 단어들이 보이는데, 사자와 유니콘의 앞발에 가려 무슨 말인지 알 수가 없다. 하지만 그 단어들이 보인다고 해도 해석할 수 있는 사람들은 별로 없을 듯하다. 저 단어들도 영어가 아닌 프랑스어인데, 그중에서도 중세 프랑스어이기 때문이다. 이 문장에 새겨진 모토에 관한 설명은 이 책의 후반부에 자세히 살펴보기로 하자.

그럼, 이제 독자들은 다음과 같은 의문이 들 것이다. 전 세계를 호령했던 영국의 왕실 문장에 왜 프랑스어가 사용되었을까? 만약 그것이 수세기 동안 내려오는 왕실의 전통이라 할지라도, 영국과 프랑스는 중세 이래 견원지간의 사이였는데 영국 왕실이 프랑스어를 그대로 고집하는 이유는 무엇일까? 이 질문 속에는 중세 서유럽의 정세, 문화 지도, 인적 교류 등 복잡한 문제들이 실타래처럼 얽혀 있다. 그 매듭을 풀기 위해서는 멀리 1066년까지 거슬러 올라가야 한다.

1035년, 서자 윌리엄 노르망디 공이 되다

지금의 프랑스 노르망디는 프랑스에서도 목축업이 가장 발달한 지방으로 유명하다. 질 좋은 유제품이 많고, 독한 사과술 칼바도스Calvados도 유명하다. 고장 이름 노르망디Normandie를 영어로 풀어 보면 Northman, 즉 '북방인'이라는 뜻이다. 왜 프랑스의 지방명이 영어로 되어 있을까? 서기 911년의 프랑스로 타임머신을 타고 돌아가 보자.

9~11세기의 서유럽은 스칸디나비아 반도에서 배를 타고 출몰하는 바이킹의 공포에 떨고 있었다. 본래 '해안의 만(灣)에 출몰하던 사람들'을 의미하던 바이킹Viking은 스칸디나비아의 전설적인 해양 전사들로 그 의미가 바뀌었다. 9세기의 프랑스, 엄밀히 말하면 서프랑크 왕국도 예외는 아니었다. 서기 885년에는 덴마크에서 도래한 데인족 바이킹들이 센 강을 따라 올라와 수도 파리를 포위하기에 이른다. 이후, 서기 911년 프랑크 왕국의 새 왕인 샤를 3세(단순왕)와 바이킹의 수장 롤로Rollo는 생클레르 쉬르 엡트Saint-Clair-sur-Epte 조약을 체결하고, 롤로는 프랑크 왕으로부터 네우스트리아(지금의 노르망디)를 봉토로 하사받고 신하로서 서약(hommage)을 한다. 그리고 봉토로 받은 지방은 '북방인의 땅'이란 이름의 노르망디로 불리게 된다. 노르망디란 명칭이 영어처럼 보이는 것은 스칸디나비아어와 영어의 뿌리가 같기 때문이다. 이후 노르망디는 프랑스에서 가장 강력한 봉신(封臣)이 다스리는 제후국 중의 하나로 성장한다.

서기 911년 롤로가 정착한 이래 대부분의 데인족 바이킹들은 현지의 여인들, 즉 프랑스 여인들과 결혼을 했다. 그리고 몇 세대가 지나지 않자 자신들의 모국어인 덴마크어는 더 이상 노르망디에서 들리지 않게 되었다. 바이외Bayeux 같은 도시에서만 덴마크어를 가르치는 학교가 있었다는 기록이 있을 뿐이다. 이 말은 이제 새로운 정착자들이 외모만 바이킹일 뿐, 프랑스어를 사용하고 프랑스 문화에 동화된 사람들이 되었다는 뜻이다.

1027년 노르망디 공에 등극한 로베르 1세는 그의 별명 '악마공 로베르Robert le Diable'에서 알 수 있듯이 냉혈한이었던 것 같다. 왜냐하면 자신의 형 리처드 3세를 독살한 뒤에 공국의 군주가 되었다고 연대기 작가들은 적고 있기 때문이다. 어쨌든 짧았던 그의 통치 기간(1027~1035년) 동안 공국의 정세는 안정이 되었다고 한다.

윌리엄은 프랑스어로 기욤Guillaume이라고 부르는데, 본래 윌리엄이 살았던 11세기의 노르망디에는 기욤이라고 부르지 않고 윌리엄이라고 불렀다. 그 이유는 중세 프랑스어에는 여러 방언들이 존재했는데, 노르망디 방언에서는 기욤을 윌리엄William이라고 표기하고 발음했기 때문이다. 이 책에서는 지금의 프랑스어 발음인 기욤보다 윌리엄이 살았던 시대의 표기와 발음인 윌리엄을 따르기로 한다.

윌리엄은 노르망디의 작은 마을 팔레즈Falaise에서 무두질 일을 하는 아를레트Arlette의 아들로 태어났다. 아버지 로베르 1세가 결혼하기 전이었으므로 '서자', 즉 사생아로 태어났다. 그런데 노르망디 공국에서 '서자'는 지금과는 다른 의미를 지니고 있었다. 본래 노르망디에 정주한 덴마크 바이킹들에게는 특별한 관습이 있었는데, 바로 '덴마크식(more dani-co)'이라고 불렀던 결혼 관습이었다. 이 풍습에 따르면 바이킹 남자는 여러 여자를 부인으로 둘 수 있었고, 종교적인 결혼식도 필요하지 않았다. 그렇게 태어난 자식은 동거인의 자식인 '서자'가 되는데, 아버지의 적통

윌리엄이 태어난 노르망디의 팔레즈(Falaise)에는 중세 앙글로-노르망 양식의 축조술을 잘 보여 주는 성이 하나 있다. 왼편에 보이는 주탑(Donjon)은 12세기경 윌리엄 공의 아들 헨리 1세가 세운 것이다.

을 물려받는 데는 전혀 문제가 되지 않았다. 중세 기독교의 시각에서 보면 종교적 의식도 치르지 않기 때문에 사생아로 볼 수 있지만, 노르만 족의 풍습으로 본다면 아버지의 후계자가 될 수 있는 아들이었다.

윌리엄의 아버지 로베르 1세는 십자군 원정에 참여하고 돌아오는 길에 터키의 니케아에서 병을 얻어 사망하고 만다. 하지만 십자군 원정에 출정하기 전에 그는 아들 윌리엄을 후계자로 지명하고 떠난 터였다. 윌리엄의 나이 일곱 살 때의 일이다.

1066년, 윌리엄 공 영국 정벌에 나서다

1066년, 일곱 살에 노르망디 공에 오른 윌리엄이 38세의 장년이 되었다. 미성년의 서자였던 윌리엄은 귀족들의 질시를 극복하고 공국의 수장이 되었다. 공국의 정세는 안정되었지만 그는 바다 건너 영국의 정세에만 관심이 있었다. 그 당시, 바다 건너 영국에서는 무슨 일이 벌어지고 있던 것일까? "역사는 승자의 기록이다"라는 말이 있다. 과거의 기록은 승자의 관점에서 기록된 것이라는 말인데, 1066년을 전후로 영국에서는 어떤 일이 벌어지고 있었는지 살펴보자. 이야기는 1066년 1월, 영국 왕 에드워드의 사망으로부터 시작된다.

본래 에드워드는 색슨족의 왕이었는데 어머니인 엠마는 노르망디 출신이었다. 그는 정치보다는 종교에 관심이 더 많았기에 후대의 사람들은

노르망디 공국의 문장(紋章) 속에 사자가 포효하고 있다. 두 마리의 사자가 붉은 바탕을 배경으로 세 발은 땅을 딛고, 한 발은 허공으로 들어 올린 모양새다. 지금도 프랑스의 노르망디 지방에 가면 시청마다 이 두 마리의 사자를 볼 수 있다. 오른쪽은 영국 왕실의 공식 문장이다. 사자가 세 마리로 늘었다. 누가 원조일까? 역사의 미로를 따라가 보자.

그를 참회왕 에드워드(Edward the Confessor)라고 불렀다. 에드워드는 윌리엄의 대고모인 엠마가 낳은 아들이니까 윌리엄에게는 5촌 당숙부가 된다.

에드워드는 윌리엄이 태어나기 전인 1013년에 노르망디에 피신한 적이 있었다. 덴마크의 스벤 1세가 영국을 침공했기 때문이었다. 노르망디에 피신한 에드워드와 그의 어머니 엠마는 윌리엄의 조부이자, 에드워드의 숙부인 리샤르 2세가 보호해 주었다고 한다. 그리고 그즈음, 노르망디 공은 영국의 상속자로 약속을 받았다고 한다. 물론 훗날 윌리엄의 주장이다. 그런데 에드워드는 자신의 처남인 헤롤드(Harold)에게도 이런 약속을 했을 것이라고 역사가들은 추측을 한다. 어쨌든 분명한 것은 심약한 에드워드가 여러 사람에게 왕위를 물려주겠다고 약속을 했다는 것이다.

국왕의 길보다 수도사의 길을 걸었어야 할 에드워드가 1066년 1월 5일 후계자 없이 세상을 떠났다. 이제 누가 영국의 왕이 되느냐가 초미의 관심사였다. 색슨족의 현인회(Witan)는 색슨족인 헤롤드를 선출하느냐 아니면 바다 건너에 있는 윌리엄에게 왕위를 물려주느냐, 선택의 기로에 놓였다. 대개 이럴 경우 현장에 가장 가까이 있는 사람이 죽은 이의 후계자가 되는 것이 일반적이다. 현인회는 조금도 주저하지 않고 하루 만에 헤롤드를 영국의 새 국왕으로 선출하였다. 영국의 왕위를 바이킹의 후예인 윌리엄에게 줄 수 없다는 것이 현인회의 결정이었다.

노르망디에서 이 소식을 들은 윌리엄은 분노했다. 에드워드가 진짜로 약속을 했는지는 당사자들만 아는 사실이라 그 진위를 확인할 수는 없지만, 분명한 사실은 윌리엄이 이제는 영국 왕의 계승자로서 왕위를 요구할 명분이 생겼다는 것이다. 명분이 생기면 수단과 방법은 모두 정당화되는 법이다.

　먼저 윌리엄은 교황 알렉산더 2세에게 정벌의 당위성을 설명했다. 그러자 알렉산더 2세는 손수 교황기까지 윌리엄에게 보내 주어 원정을 승인했다. 윌리엄이 영국 정복을 얼마나 정치적으로 꼼꼼히 준비했는지 잘 보여 주는 부분이다. 윌리엄은 먼저 주변국의 제후들을 설득하기 시작했다. 자신이 헤롤드의 목숨을 구해 주었는데, 헤롤드가 그 은혜를 저버렸다고 주변 제후들에게 원정의 정당성을 주장하였다.

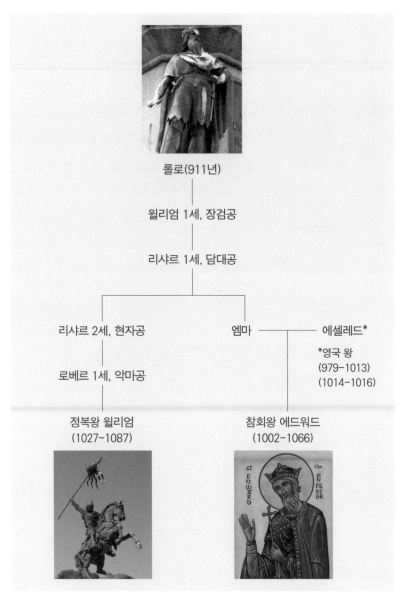

롤로(911년)

윌리엄 1세, 장검공

리샤르 1세, 담대공

리샤르 2세, 현자공   엠마 ——— 에셀레드*

*영국 왕
(979-1013)
(1014-1016)

로베르 1세, 악마공

정복왕 윌리엄   참회왕 에드워드
(1027-1087)   (1002-1066)

윌리엄의 조부 리샤르 2세의 누이동생인 엠마는 영국 왕 에셀레드의 왕비가 되고, 참회왕 에드워드의 어머니가 된다. 그녀는 정복왕 윌리엄에게는 대고모가 된다. 윌리엄과 에드워드는 5촌간이므로, 윌리엄은 영국의 왕위를 물려받을 충분한 자격이 있다고 주장하지만, 에드워드는 처남 헤롤드에게 왕위를 물려준다. 5촌 조카보다 처남이 가까운 법이다.

참회왕 에드워드의 문장에는 독실한 기독교 신자답게 십자가가 그려져 있다. 이 문장은 1377년 리처드 2세의 문장에 다시 등장한다. 심약한 에드워드가 자신의 후계에 대해 분명한 입장만 밝혔어도 서유럽의 역사는 전혀 다른 방향으로 흘러갔을 것이다. 에드워드는 1161년에 시성되었다.

사실, 헤롤드는 왕이 되기 전인 1064년, 배가 파선되어 노르망디의 퐁티외 해변에서 표류한 적이 있었다. 그때 퐁티외의 기Guy 백작이 헤롤드를 포로로 사로잡아 몸값을 요구하자 윌리엄이 풀어 준 적이 있었다. 이렇게 헤롤드는 윌리엄의 도움으로 자유의 몸이 되었기 때문에, 그 과정에서 윌리엄에게 모종의 서약을 했다는 것이다. 아마도 윌리엄은 헤롤드에게 차기 영국 왕이 될 것을 단념하라고 강권했을 것이다. 어쨌든 윌리엄은 교황에게 협력하는 조건으로 영국 정벌의 명분을 얻어내는 데 성공한다. 노르망디의 연대기 작가인 오르데릭 비탈Orderic Vital은 거짓 맹세를 한 헤롤드에 대하여 다음과 같이 묘사하고 있다.

"이 영국 사람(헤롤드)은 키가 장대하고, 풍채는 우아하며 힘이 장사다. 그의 용기는 하늘을 찌르고 말투와 행동에는 재치가 묻어난다. 하

윌리엄이 기(Guy) 백작의 인질로 잡혀 있던 헤롤드를 풀어 준다. 대신 헤롤드는 성물에 손을 얹고 차기 영국 왕은 윌리엄이라고 맹세한다. 2년 뒤에 교황 알렉산더 2세는 윌리엄의 말을 믿고 헤롤드를 파문한다. 일설에는 헤롤드가 봉신의 서약을 할 때 윌리엄이 탁자 밑에 성물을 숨겨 놓았다고 한다. 교활한 윌리엄의 계략이었을까? 역시 악마공의 자식답다.

정복왕 윌리엄의 모습(1620년 경, 작가 미상), '서자' 윌리엄이라는 모욕적인 별명에서 '정복왕' 윌리엄으로 거듭 태어난 중세 서유럽의 전형적인 기사형 군주. 그가 없었다면 영국의 역사는 어떻게 바뀌었을까? '공기'를 의미하는 고유 영어 Lyft가 살아남지 않았을까? 그렇다면 Korean Air가 아니라 Korean Lyft로 되어 있을 것이다. Air는 프랑스어이기 때문에…. 윌리엄의 영국 정복은 정치적인 사건이면서 동시에 언어 정복이기도 했다.

지만 이러한 축복도 명예를 지키지 않는 이에게는 무슨 소용이 있겠는
가?"

이후 윌리엄은 노르만 기사뿐만 아니라 앙주Anjou, 브르타뉴Bretagne
그리고 멀리 스페인의 아라곤Aragon으로부터 기사를 모집하여 원정 준
비를 한다. 그리고 5,000~6,000명의 기병을 포함하여 1만 3,000~1만
5,000명의 병력으로 영국 정벌에 나선다.

1066년 10월 14일 윌리엄은 영국의 페븐시Pevensey 해안에서 자신의

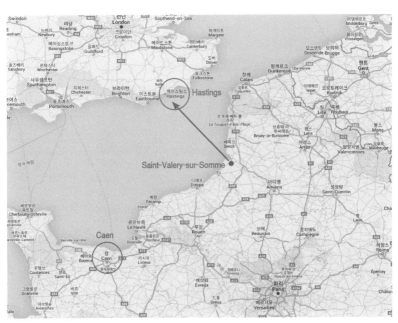

1066년 8월 12일, 윌리엄의 군대는 도버 해협을 건너기 위해 솜(Somme)강의 작은 포구
생발르리 쉬르 솜(Saint-Valery-sur-Somme)에 집결했다. 하지만 날씨가 도버 해협을
건너기에 적합하지 않았고, 영국의 해군을 피하기 위해, 윌리엄은 두 달 가량을 더 기다렸
다. 마침내 1066년 9월 28일, 노르망디의 수도 캉(Caen)을 떠난 윌리엄은 영국의 서섹
스(Sussex) 주의 페븐시(Pevensy) 해안에 상륙했다. 서유럽의 역사를 결정한 헤이스팅
스(Hastings) 전투의 서막은 이렇게 시작되었다.

왕위를 찬탈한 헤롤드의 군대가 오기를 기다렸다. 헤롤드는 북부 지방에서 노르웨이 군대의 침공을 막느라 동분서주하고 있던 중에 이 소식을 듣고 황급히 군대를 돌려 남쪽으로 향했다. 헤이스팅스 전투는 이렇게 시작되었다. 그런데 전투는 하루 만에 싱겁게 끝나고 말았다. 헤롤드가 전장에서 사망하고 윌리엄이 승리를 거둔 것이다. 그리고 그해 크리스마스 날, 윌리엄은 몇 달 전 헤롤드가 대관식을 올렸던 웨스트민스터 사원에서 영국 왕으로 등극한다.

노르망디의 수도 캉(Caen)의 생테티엔 성당에는 정복왕 윌리엄이 묻혀 있다. 석판의 비문에는 라틴어로 다음과 같이 적혀 있다. "여기 노르망디 공이자 영국 왕조의 시조 윌리엄이 1087년에 묻히다. 그는 한 번도 패한 적이 없었던 위대한 정복왕이었다."

비운의 왕 헤롤드, 헤이스팅스에서 생을 마감하다

　서양의 중세 역사에서 헤롤드만큼 불운한 왕도 없을 듯하다. 헤롤드는 1022년에 웨섹스 백작 고드윈의 아들로 태어났다. 그의 이름은 헤롤드 고드윈슨Harold Godwinson. 서자 윌리엄이 1027년에 태어났으니 헤롤드가 다섯 살 많다. 타고난 전사였던 헤롤드는 아버지의 후광을 업고 영국의 왕위를 물려받기에 충분한 자격을 가진 사람이었다. 적어도 그가 노르망디에 표류하지 않고 윌리엄에게 거짓 맹세만 하지 않았다면….

　헤롤드의 동생 토스티그Tostig가 노르웨이의 왕 하르드라다Hardrada와 손을 잡고 영국의 북부에 쳐들어오자 헤롤드는 군대를 이끌고 스탬포드 다리Stamford Bridge에서 반란군들을 격퇴했다. 그때가 1066년 9월 20일,

1066년 1월 5일 참회왕 에드워드가 세상을 떠났다. 헤롤드는 에드워드가 임종시 자신에게 왕위를 물려준다는 유언을 했다고 한다. 색슨족의 현인회(Witan)는 바로 다음날 헤롤드를 영국의 국왕으로 선출한다. 하지만 바다 건너 단 한 사람만 이 대관식을 인정하지 않고 있었다….

헤롤드는 윌리엄의 함대가 도버 해협을 건너온다는 소식을 이미 듣고 있었다. 헤롤드는 군대를 재정비하여 윌리엄이 상륙한 페븐시 해안으로 급히 말을 돌렸다. 그리고 헤이스팅스 언덕 위에 방어벽을 치고 윌리엄의 군대와 대치에 들어갔다. 하지만 전투는 헤롤드에게 치명적이었다. 헤롤드와 그의 동생 기르트Gyrth, 그리고 레오프윈Leofwine도 목숨을 잃었다. 헤롤드가 에드워드의 뒤를 이어 영국 왕에 오른 지 아홉 달 만에 앵글로-색슨 왕조는 종말을 고했다.

중세의 전투는 칼과 창을 사용하는 백병전이다. 전해 오는 말에 따르면 전투가 끝나고 헤롤드의 시신은 그의 정부(情婦)인 에디트 스와넥Edith Swanneck이 확인해 주었다고 한다. 얼굴에 화살을 맞아 신원을 확인할 수 없었던 것이다. 영국의 가장 강력한 지도자이자, 웨섹스의 백작 그리고 앵글로-색슨족의 마지막 왕인 헤롤드는 이렇게 전장에서 생을 마감했다. 만 44세의 나이에… 동생이 노르웨이 왕과 결탁하여 반란만 일으키지 않았다면, 헤이스팅스 전투의 승자는 누가 되었을지 모른다. 하지만 역사에서 가정은 무의미하다. 1066년은 앵글로-색슨 왕국의 일시적인 종말을 알린 해이자, 동시에 영어의 긴 동면을 알리는 해였다.

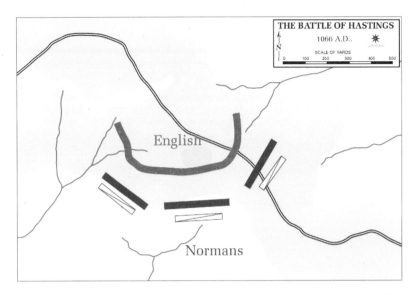

노르웨이의 하르드라다 군대를 진압한 헤롤드의 군대에는 농민 징집병들이 많았다. 'ㄷ' 자 모양으로 진을 친 헤롤드의 군대는 노르만 기병대의 술책에 속아 그만 대열을 허물고 노르만 군대를 추격한다. 이것이 이날 전투의 패착이었다.

윌리엄의 진영에서 바라본 센락(Senlac) 언덕. 헤이스팅스에서 10킬로미터 떨어진 곳에 위치하고 있다. 1066년 10월 14일 헤롤드의 군대는 센락 언덕에 진을 쳤다. 윌리엄의 군대를 굽어볼 수 있는 유리한 위치였다. 노르망디, 플랑드르, 브르타뉴 병사로 이루어진 윌리엄의 군대는 헤롤드의 군대를 유인하는 작전을 펼쳤다. 결국 헤롤드의 군대는 계략에 빠져 거짓으로 도망가는 노르만 군대를 쫓아가다 궤멸당한다

헤롤드, 영국에 돌아오다

처참한 백병전에서 헤롤드는 죽음을 맞이하였다. 하지만 그의 신원은 정부인 에디트만 알아보았다고 한다. 여기에서 전설이 생겨났다. 헤롤드가 정말 죽었는지…. 전설에 의하면 헤롤드는 헤이스팅스 전투에서 살아남아 윈체스터에서 상처를 치료하며 2년을 보내고, 순례자처럼 독일전역을 방랑했다고 한다. 그 후 노인이 된 헤롤드는 영국에 돌아와 도버근처의 동굴에서 은자처럼 삶을 마감했다고 한다. 전쟁에서 비운의 생을 마감한 영웅들은 이렇게 전설 속의 주인공으로 남아 있다. 사진은 제슈테Gechter의 작품 〈헤롤드의 죽음〉이다(1842년).

윌리엄의 정복, 바이외Bayeux의 태피스트리에 남다

   롤로가 노르망디에 정착한 911년 이후에도 노르망디의 바이외에는 바이킹의 모국어인 덴마크어를 가르치는 학교가 있었다고 한다. 하지만 바이킹들이 현지인들과 결혼을 통해 동화되면서 바이외의 학교도 사라졌다. 역사의 기록은 사료를 통해 문헌에 남지만, 글을 모르는 사람들에게는 아무 소용이 없다. 그래서 전체 인구의 절대 다수가 문맹이었던 중세 유럽에서는 다른 방법을 택하기도 했다. 예를 들어 그림을 통해 문맹의 민중들에게 정보를 전달하는 방법이 그것이다. 중세 유럽의 대성당에 설치된 스테인드글라스가 좋은 예이다. 채색 유리에 그려진 그림들은 성경 속의 이야기들을 표현한 것이다.

   윌리엄도 자신의 정복을 신민(臣民)들에게 남기기 위해 이런 방법을 채택했다. 그림으로 정복의 전 과정을 기록한 것이다. 지금도 노르망디의 고도(古都) 바이외에 가면 윌리엄의 영국 정복을 자수로 옮겨 놓은 화려한 태피스트리가 남아 있다. 엄격히 말하면 이 작품은 여러 가지 색실을 넣어 직물로 짠 태피스트리라기보다는, 길이 70여 미터 폭 50센티의 아마포 위에 다양한 색실로 정복의 전 과정을 수놓은 자수 작품이다.

노르망디의 바이외 박물관에는 윌리엄의 영국 정복의 전 과정을 보여 주는 아름다운 태피스트리가 전시되어 있다. 이 보물은 2007년 유네스코에 의해 세계 기록 유산으로 지정되었다. 이 태피스트리는 역사적 사료로서의 가치도 클 뿐만 아니라, 11세기 중세의 생활 모습을 생생히 보여 주는 보물이다. 이 작품에는 626명의 인물, 202마리의 말과 노새, 505마리의 온갖 짐승, 37채의 건물, 49그루의 나무 등이 총망라되어 등장한다.

각 장면에는 라틴어로 설명이 되어 있다. 21번부터 23번의 라틴어와 그 번역은 다음과 같다.
hIC : VVILLELM : DEDIT : hAROLDO : ARMA (윌리엄이 헤롤드를 기사로 봉하다)
hIE VVILLELM VENIT : BAGIAS (윌리엄이 바이외에 도착하다)
VBI Harold : SACRAMENTVM : FECIT :– VVILLELMO DVCI : (헤롤드가 윌리엄에게 서약을 하다)

†hIC : VVILLELM : DVX INMAGNO : NAVIGIO : MAR€ TRAN SIVIT ET VENIT ADP€V€N€SA : (윌리엄공이 큰 배로 바다를 건너 페븐시에 도착하다). 바이킹의 전통 배인 드라카르(Drakkar)가 보인다.

HIC VVILLELM : DVX ALLOQVITVR : SVIS : MILITIBVS : VT : PREPARARENT SE : VI RILITER ET SAPIENTER : ADPRELIVM : CONTRA : ANGLORVM EXERCITŨ : (윌리엄공이 영국군과 맞서 용감히 싸우라고 군사들을 독려하다)

HIC. ODO EṔS BACVLṼ T€N€NS CONFOR TAT PVE ROS : hIC EST VVILLELM DVX
(오동 주교가 지휘봉을 들고 군사들을 독려하다). 이 그림 오른편에는 투구를 벗고 있는 기사가 한 명 보이는데 그가 바로 윌리엄 공이다. 노르만 군사들이 자신이 죽은 줄 알고 있기에 스스로 투구를 벗어 살아 있음을 보여주고 있다.

투구를 벗은 윌리엄을 확대한 그림

hIC Harold : REX :− INTERFЄC TVS : EST ET FVGA : VERTERVNT ANGLI
(헤롤드가 전장에서 죽자 영국군은 혼비백산하여 도주한다)

위의 태피스트리는 앵글로-노르망 방언이 아닌 라틴어로 각 장면을 설명하고 있다. 이러한 사실은 정복 이후 11세기에도 영국의 행정 및 사법의 언어는 여전히 라틴어였고, 프랑스어가 그 자리를 대신하기까지는 시간이 더 걸렸음을 시사하고 있다.

11세기 프랑스에서는 여러 방언들이 사용되고 있었는데, 노르망디에서는 노르망 방언이 사용되고 있었다. 정복 이후 영국에 들어간 프랑스어를 앙글로-노르망 방언이라고 부른다. 본서에서는 편의상 이 방언을 프랑스어로 부르기로 한다.

역사는 승자의 편이라고 했다. 헤롤드가 자신의 생명을 구해 준 윌리엄에게 서약을 하는 장면의 진위는, 비록 그 진위를 파악할 수는 없지만, 어쨌든 헤이스팅스 전투에서 죽은 헤롤드만 알 것이다. 이제 색슨 왕조는 끝나고 새로운 노르만 왕조가 시작된 것이다. 영어도 색슨 왕조와 운명을 같이했다.

헤롤드를 제거하고 영국 왕이 된 윌리엄은 21년 동안 준엄하게 왕국

1904년 노르웨이 북쪽 오세베르크(Oseberg)의 페스트피오르(Vestfjord) 사구(沙丘)에서 발견된 바이킹의 배 드라카르(Drakkar)의 모습. 모래 속에 파묻혀 있던 드라카르가 거의 완전하게 원형을 유지하고 있었다. 윌리엄의 태피스트리에 등장하는 배와 모습이 똑같다. 윌리엄은 저런 전함을 수백 척 건조하여 도버 해협을 건넜다.

을 통치했다. 색슨 귀족들의 반란도 제압하고, 때때로 노르망디에 건너가서 프랑스의 침범에도 대비를 했다. 그렇다면 윌리엄의 말년은 어떠했을까? 앙드레 모루아의 《영국사》를 보면 그의 말년은 비참했다고 한다. 1087년, 그는 노르망디의 망트Mantes 시를 탈환한 뒤에 그만 말에서 떨어져 내장 부상을 입고 죽었다고 한다. 그의 유일한 사랑 왕비 마틸다도 이미 세상을 떠난 뒤였다. 그에게는 세 명의 아들이 있었는데 붉은 얼굴의 윌리엄에게 영국을 물려주고, 좀 모자라는 장남 로베르에게는 노르망디를 물려주면서 이런 왕을 모시게 된 노르망디는 불행할 것이라고 말했다고 한다. 그리고 셋째 아들 헨리에게는 은화 5,000마르크를 주었다. 그는 캉Caen의 스테판 성당에 묻혔는데 매장 후 사체가 부어올라 관이 터졌다고 한다. 연대기 작가는 다음과 같이 말하고 있다.

"생전에 황금과 보석을 휘감았던 사람이 이제는 부패물에 불과했다."

COFFEE BREAK

집에만 틀어박혀 사는 사람이 Husband?

① Husband는 북유럽 바이킹의 언어에서 들어온 말이다?
② Husband는 '집에서 사는 사람'을 말한다?
③ Husband는 고대 영어를 대체한 말인데 어떤 말인가?

➡ Husband는 바이킹의 언어에서 영어에 들어온 말이다. *hus*는 '집'을 의미하는데 노르만 정복 이후 프랑스식 철자법인 house로 바뀌었다. ①, ②은 모두 맞는 말이고, ③의 답은 현대 영어 werewolf '늑대인간'에 남아 있는 *were*인데, 본래 이 말은 '남자'를 의미하던 말이었다.

최후 심판의 날, 둠즈데이북

 윌리엄이 영국을 정복한 지 20년째 되는 1085년 크리스마스 날, 장소는 글로스터Gloucester. 윌리엄은 참모들과 장시간 상의를 한 뒤에 영국 전역의 토지와 가축의 수를 파악하기로 결정한다. 새로운 정복지의 토지 소유주들에게 세금을 부과하기 위해서였다. 지금으로 치면 호구조사를 겸한 토지대장이다. 이 토지대장의 이름이 '최후의 날'을 의미하는 둠즈데이북Domesday Book이다. 왜 이러한 이름이 붙었는지 그 내용을 보기로 하자.

 서리Surrey 주 림프스필드의 영주 직영농지는 쟁기가 5개, 소 5마리, 농노 15명, 코퍼 6명, 공유 쟁기 14개, 매년 2실링의 수입이 있는 물방앗간 1개소, 양어장 하나, 교회당 하나, 목장 4에이커, 돼지 150마리를 기를 수 있는 삼림 하나, 매년 2실링의 수입이 있는 채석장 2개소, 삼림에는 매의 집 2개, 노예 10명을 소유하고 있다. 영지 수입은 에드워드 시대에는 연액 20파운드, 그 후에는 15파운드, 현재는 24파운드에 달한다.

 이곳 깊은 삼림 속에, 모든 촌락으로부터 멀리 떨어져 있는 데서 한 고독한 농민이 살고 있다. 소 8마리와 자기 소유의 쟁기 한 개를 가지고 있다. 노예 2명의 도움으로 그가 개간한 농지 약 100에이커를 경작하고 있다. 그는 조세를 바치지 않았으며, 아무 영주와도 신하 관계가 없다.

둠즈데이북에 기재된 통계 자료를 보면, 먼저 이 토지대장이 얼마나 상세하게 기록되어 있는지 확인할 수 있다. 특히, 외딴 곳에 혼자 사는 농민의 토지대장까지 상세하게 기록한 것을 보면 당시의 농민들이 경악할 만하다. 그래서 농민들은 "세상의 종말이라도 오는가?"라고 반문했다고 해서 둠즈데이북이라는 이름이 붙었다고 한다.

라틴어 필사체로 기록된 둠즈데이북 원본. 조선 시대의 모든 공문서가 한자로 기록되어 있듯이, 정복 이후 영국에서도 마찬가지였다. 공문서는 라틴어, 노르만 귀족은 프랑스어를 사용했다. 하지만 민중의 언어인 영어는 기록조차 되지 않는 언어였다.

영어에 남아 있는 노르망 방언

- cabbage : 고대 노르망 방언과 피카르 방언에서 *caboche*는 '머리'를 의미하는 단어였다. 밭에서 자란 양배추가 '사람의 머리'와 비슷해서 붙은 이름이다.
- canvas : 라틴어 *cannabis* '식물 대마'가 노르망 방언에서 *canevas*로 바뀐 다음 영어에 들어간 단어이다.
- catch : 고대 노르망 방언 *cachier*의 의미는 지금의 영어처럼 '잡다'이다. 하지만 중부 지방의 형태는 *chasser*였는데 영어 *chase* '추적하다'의 어원이다. 본래 이 단어의 뜻은 '사냥하다'였다. 현대 프랑스어 chasser에는 '사냥하다'라는 의미가 있다.
- cater : '공급하다'란 의미의 노르망 방언 *acatour*에서 유래. 현대 영어에는 '음식을 제공하다'로 남아 있다.
- cattle : 앙글로 노르망 방언 *catel*에서 유래했는데 그 의미는 '재산'이다. 영어에서는 16세기에 '소'란 의미로 축소되었다.

노르망디의 제도, 영국에 수입되다

윌리엄의 영국 정복은 문화적으로는 대륙의 프랑스 문화의 유입을 알리는 신호탄이었고, 정치적으로는 노르망디의 법률과 행정 제도가 영국에 정착하는 계기가 되었다. 영어로 의회를 의미하는 Parliament는 고대 프랑스어로 '말', '연설'을 의미하는 Parlement에서 만들어졌으며, 법원과 감옥을 의미하는 Justice와 Prison은 두 언어에서 철자 하나 틀리지 않고 똑같다.

노르망디에서는 2년에 한 번씩 3개월간(봄부터 가을 문턱까지) 공국의 모든 실력자들(고위 성직자, 대법관들)이 모여 주요 도시를 순회하며 재판이 열렸다. 이 재판을 프랑스어로 '에시키에' Échiquier라고 불렀는데, 이 재판에서는 주로 항소심을 담당하였다. 그런 까닭에 노르망디에서 '에시키에'는 훗날 최고법원의 모태가 된다. 본래 '에시키에'란 말은 '서양 장기판'을 의미하는 말인데, 노르망디의 최고법원을 장기판으로 부르게 된 이유는 다음과 같다. 첫 번째 설은 최고법정이 열렸던 회당의 바닥이 검은색과 흰색의 격자무늬로 이루어져 마치 서양 장기판 같았다는 설이다. 두 번째 설은 국고 재정의 회계를 격자무늬 천으로 덮은 큰 탁자 위에서 했기 때문에 그런 이름이 붙었다는 것이다. 탁자 주변에는 회계관들이 자리를 잡았고, 그들은 공국의 서로 다른 주화들을 적당한 칸에 놓아 계산을 했다고 한다.

윌리엄은 왕국의 재무 상태를 조사하기 위해 노르망디의 '에시키에' 제도를 영국에 도입하였다. 훗날 이 제도의 명칭도 프랑스어의 Échiquier에서 영어 Exchequer로 바뀌었는데, 업무는 프랑스처럼 최고 법원이 아니라 국가의 재무관서(출납원)의 역할로 바뀌었다. 윌리엄 공은 이 관청을 통하여 화폐로 세금을 받고 왕국의 예산을 집행하였다. 이 제도는 당시 유럽에서 가장 근대적인 재무 제도로 자리를 잡았다. 지금도 영국에서는 재무상을 *Chancellor of the Exchequer*라고 부르는데, 노르망디의 재무관장(출납원장)에서 유래한 말이다. 이 말을 직역 하면 '체스판의 비서' 정도로 번역할 수 있다. 일국의 재무상이면 나라의 살림을 관장하는 중책의 자리인데 '장기판의 비서'라니…

Exchequer가 노르망디에서 들어온 회계 제도라면 배심원 제도는 사법부에 정착한 노르망디의 제도이다. 노르망 방언 *juré*에서 유래한 영어의 jury는 본래 '맹세한'이란 뜻이었다. 배심원들이 재판이 시작하기 전에 진실만을 말한다는 의미일 것이다. 헨리 2세(재위 1154~1189년) 때의 배심원들은 사건의 증인 역할을 비롯하여 변론도 맡았는데, 점차 그런 역할은 사라지고 지금처럼 제3자의 입장에서 유무죄를 평결하는 것으로 바뀌었다. 배심원들의 역할이 지금과는 달랐음을 어원을 통해 알 수 있다. 오늘날 영미 계통의 국가들과 프랑스에는 두 종류의 배심제가 있다. 하나는 유무죄만을 결정하는 소배심이고, 또 하나는 기소권까지 부여하는 대배심인데, 소배심은 프랑스어로 '작은'을 뜻하는 petit를 붙여 *petit jury*라고 하고, 대배심은 *grand jury*라고 한다.

윌리엄의 영국 정복은 노르망디의 정복이라기보다는 프랑스 문화의 정복이라고 말할 수 있다. 정복 이전, 덴마크 왕조가 영국에 들어선 적도 있지만, 그때에는 문화적 변화를 거의 찾아볼 수 없었다. 하지만 윌리엄의 정복은 프랑스어, 나아가 프랑스 문화가 영국에 본격적으로 들어가는 계기가 되었다. 영어가 외관상 동일 계열의 독일어보다 프랑스어와 유사해 보이는 이유가 바로 여기에 있다.

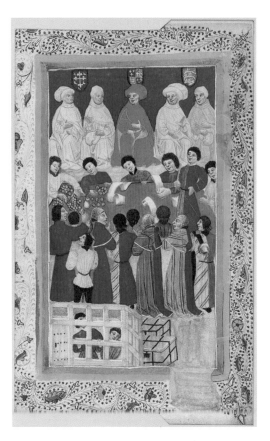

15세기에 그린 작자 미상의 그림이다. 노르망디에서 유입된 재무관서 Exchequer의 업무 모습이 잘 묘사되어 있다. 큰 탁자 위에 각 영지에서 가져온 돈을 회계관들이 계산하고 있는데, 뒤에서 고위 성직자(윈체스터 주교), 최고법관 등 권력의 실력자들이 지켜보고 있다. 본래 탁자는 서양 장기판을 연상시키는 격자무늬의 천으로 덮었지만 그림에는 그 모습이 보이지 않는다.

"짐은 다음과 같이 생각하게 되었다…."

영어에는 Royal we라는 표현이 있는데 Majestic plural 즉, '존엄한 복수'라고도 한다. 당연히 이 표현에서 we는 국왕을 가리킨다. 왜 일인칭 주어 I 대신에 복수의 we를 쓰는 것일까? 이 표현은 사자심왕 시절의 대주교이자 국새상서였던 윌리엄 롱샹William Longchamps이 사용했다고는 설이 있다. 그 전통은 지금도 이어져 다음과 같은 관용 서식이 왕실 영어에서 사용되고 있다.

> "짐은 훌륭한 신하들에게 사의를 표하고 그 선의를 가상히 받아들여 다음 일을 요망한다…."

여기에서 일인칭 주어 '짐'은 Royal we를 번역한 것이다. 그렇다면 왕이 말하는 '우리'는 누구인가? 본래 이 표현은 1169년 플랜태저넷 왕조의 헨리 2세가 주교 서임권을 놓고 신하들의 압력을 받던 상황에서 처음으로 사용했다고 한다. 헨리 2세는 프랑스어를 사용하는 왕이었으므로 we에 해당하는 nous를 사용했는데, 여기에서 말하는 '우리'는 'God and I'를 가리킨다. 즉, '신과 나'를 의미하는데, 영국 왕실의 제명인 *Dieu et mon droit* 즉, '신과 나의 권리'와 일맥상통하는 표현이다.

2

프랑스어,
영국 왕들의
모국어가 되다

영어, 4백년간 긴 동면에 들어가다

우리는 한 언어의 과거 위상을 지금의 모습에 비추어 유추하려는 경향이 있다. 영어의 경우, 스페인의 무적함대를 격파한 16세기 이후, 산업혁명과 빅토리아 시대를 거쳐 세계 공용어의 위상을 굳혔다. 그렇다면 그 이전의 영어는 어떤 모습을 가진 언어였을까? 중세에도 지금처럼 국제어로서 군림하던 언어였을까? 결론부터 말하면 이 책에서 다루고 있는 11~14세기의 영어는 지금처럼 대접받는 언어가 아니었다. 3세기 동안 영국과 프랑스에서는 어떤 일이 벌어졌는지 좀 더 얘기해 보자.

서양 중세 사회는 봉건 사회의 전형을 잘 보여 준다. 농민은 기사를 주군으로 섬기고, 기사는 제후를, 그리고 제후는 국왕을 주군으로 섬긴다. 911년 프랑크 왕국의 샤를 3세가 바이킹의 수장 롤로에게 광활한 노르망디를 봉토로 하사한 데는 두 가지 이유가 있었다. 첫 번째 이유는 이이제이의 효과를 노렸다. 프랑스 왕은 바이킹들이 노르망디에 정착을 하면 다른 바이킹들의 침략을 막아 줄 수 있을 것이라고 생각했다. 두 번째 이유는 롤로가 신하의 서약을 한 이상 자신을 주군으로 섬길 것이고, 비록 노르망디의 주인은 바뀌지만 여전히 프랑스 왕의 영지로 남게 되기 때문에 왕국을 지킬 수 있다는 것이 그의 생각이었다.

그런데 윌리엄의 영국 정복이 이러한 군신 관계를 통째로 흔들어 놓고 말았다. 프랑스 왕의 봉신이었던 윌리엄이 어느 날 영국의 왕이 된 것이다. 게다가 당시 프랑스 국왕의 권력이 미치는 지역은 지금의 일드프랑스 Île-de-France 지역—파리 근교의 수도권 지방—에 그치는 반면, 윌리엄의 영지는 노르망디뿐만 아니라 영국까지 확대된 것이다. 다시 말해 봉신의 영지가 주군의 영지보다 더 커진 것이다. 중세 내내 영국과 프랑스의 끈질긴 악연의 뿌리는 바로 여기에서 시작된다.

월리엄의 영국 정복 이후 영국의 사회는 뿌리째 바뀌었다. 색슨족의 영지는 모두 몰수되어 노르만 기사들에게 전리품으로 분배되었으며, 성직도 모두 노르만 귀족들이 차지하였다. 그런데 우리의 관심을 끄는 것은 이러한 사회적 변화가 아니라, 영국의 언어 지도가 바뀌었다는 사실이다.

앞에서도 언급한 것처럼 월리엄은 바이킹 계통의 후손이지만, 프랑스 문화에 이미 동화되어 프랑스어를 사용하는 사람이었다. 즉, 월리엄의 영국 정복은 프랑스어가 영국의 기득권층의 언어로 들어간 중대한 사건으로 기록된다. 이후 영어는 지위어(prestige language)의 자리를 잃고, 수백 년간 민중의 구어로 전락한다. 그리고 14세기 말에 위대한 시인 초서Chaucer가 등장할 때까지 변변한 문학 작품을 찾아볼 수 없게 되었다. 11세기 이후 영어는 암흑기에 들어간 것이다.

한 언어가 다른 언어의 영향을 받더라도 신체, 동식물명 등과 같은 어휘들은 대개 고유어를 간직한다. 그만큼 고유어는 외국어의 영향을 덜 받는다는 뜻이다. 그런데 영어에서 얼굴을 뜻하는 face는 고유어가 아니고, 프랑스어 face에서 들어온 말이다. 마찬가지로 '공기'를 의미하는 영어의 고유어 lyft는 프랑스어의 air에 그 자리를 넘겨주고 사라졌다. 이렇듯 월리엄의 정복은 영어 발달 과정에서 매우 중요한 사건으로 기록된다.

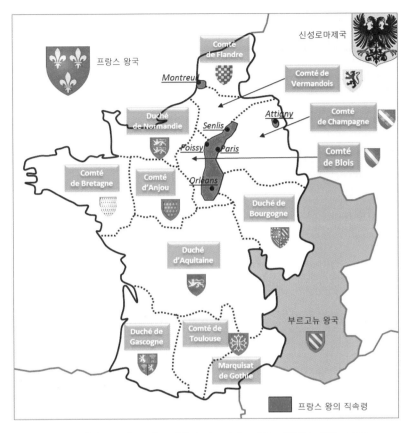

카페 왕조가 들어선 987년, 프랑스 왕국의 지도이다. 프랑스 왕령이 미치는 지역
은 파리 근교에 지나지 않았다. 노르망디 공, 아키텐 공 같은 대제후는 프랑스 국
왕보다 더 넓은 영지를 소유하고 있었다.

-Comté de Flandre: 플랑드르 백작령
-Compté de Vermandois: 베르만도 백작령
-Compté de Champagne: 샹파뉴 백작령
-Comté de Blois: 블루아 백작령
-Comté d'Anjou: 앙주 백작령
-Comté de Bretagne: 브르타뉴 백작령
-Comté de Toulouse: 툴루즈 백작령
-Duché de Normandie: 노르망디 공작령
-Duché de Bourgogne: 부르고뉴 공작령
-Duché d'Aquitaine: 아키텐 공작령
-Duché de Gascogne: 가스콘 공작령
-Marquisat de Gothie: 고티 후작령

중세 영국은 이중 언어의 사회였는가?

윌리엄의 영국 정복은 서유럽의 정세를 재편하는 중요한 정치적인 사건이었을 뿐만 아니라, 영어에 대한 프랑스어의 정복이었다. 대륙에서 건너온 노르만 귀족은 프랑스어만을 구사했는데, 그들이 사용하는 언어는 노르망디의 방언이었다. 학자들은 영국에 건너온 이 방언을 앵글로-노르망 방언이라 부른다. 다시 말해 프랑스에서 사용되던 방언 중의 하나였다.

소수의 인구가 사용하는 언어는, 비록 그 언어가 지배층의 언어라 하더라도 다수의 언어로 자리를 잡지 못하는 경우가 있다. 911년 롤로가 노르망디에 정착했지만 그들은 몇 세기도 안 되어 자신들의 모국어인 덴마크어를 모두 잊어 버렸다. 마찬가지로 영국에 건너온 노르만 귀족들도 2세기 전 노르망디에서 그랬던 것처럼, 이번에는 색슨족의 여인들과의 결혼을 통하여 현지 문화, 특히 현지 언어의 습득에 자연스럽게 노출되었다. 그리고 그들도 몇 세대 만에 영어를 습득하게 되었다. 영국 사회는 이제 프랑스어를 사용하는 아버지와 영어를 사용하는 어머니와 자식들로 구성된 이중 언어의 사회가 된 것이다. 하지만 프랑스어는 소수의 언어였기 때문에 구어로서의 입지가 축소되어 엘리트층의 교양어로 자리를 잡게 된다.

정복 이전의 영국에는 행정과 사법 분야에서 공식 언어로 사용되던 라틴어와, 구어로서 사용되던 영어가 공존했다. 마치 조선 시대에 모든 문서에 한자가 사용되고, 국어는 구어로서만 사용되던 모습과 흡사했다. 그러던 중에 프랑스어가 정복자들의 언어로 새롭게 영국에 들어온 것이다.

라틴어가 확고한 문어로 사용되고 있던 영국에 들어온 프랑스어의 위상은 애매했다. 법조문에 사용되기에는 라틴어라는 걸림돌이 있었고, 다수의 색슨족은 전혀 프랑스어를 배울 생각이 없었다. 하지만 프랑스어는 영국 왕의 언어였다. 1066년 윌리엄 정복 이후 1399년 리처드 2세가 왕위에서 내려올 때까지 프랑스어는 333년 동안 왕의 모국어였고, 헨리 2세(1152년)부터 헨리 6세(1445년)까지 300년 동안 모든 영국의 왕은 프랑스의 공주를 왕비로 맞이했다. 프랑스어의 영향력이 생각보다 깊고 오랫동안 지속되었음을 알 수 있다.

정복 이후 영국은 흔히 프랑스어와 영어의 이중 언어의 사회라고 말하지만, 엄밀히 말하면 라틴어를 포함하여 삼중 언어의 사회라고 말하는 것이 옳을 것이다. 공공 문서의 라틴어, 귀족층의 교양어인 프랑스어

그리고 일반 민중들의 구어인 영어가 공존했던 복잡한 사회였다. 이후 프랑스어는 라틴어의 영역을 조금씩 파고들어가 자리를 잡지만, 영어는 15세기에 들어와서야 왕실과 교양층의 언어로 대접을 받는다.

COFFEE BREAK

바이킹의 언어에서 건너온 영어 단어들

이 책에서는 영어에 차용된 프랑스어에 대해 자주 말하고 있으나, 영어에는 윌리엄의 정복이 있기 전에 이미 북방 바이킹들의 언어가 많이 들어왔다. 그중 몇 단어를 보자.

- take : 고대 영어 *nīman*을 밀어내고 영어에 정착한 단어.
- cut : 유사한 의미의 고대 영어들을 대체하고 자리를 잡았다. 밀려난 단어들은 현대 영어에 남았는데, shear '양의 털을 깎다', carve '깎아서 만들다', hew '도구를 써서 자르다' 같은 단어들이다.
- anger : 고대 영어 *irre*(라틴어 ira)를 대체한 바이킹 단어.
- die : 고대 영어 *steorfan*을 내제, 현대 영어 starve '굶주리다'에 남아 있다.
- skin : 고대 영어 *hide* 대신 용례로 정착한 단어. hide는 현대 영어에서 '짐승의 가죽'으로 사용된다.

가축을 기르는 자와 먹는 자

11세기 서유럽 정세를 송두리째 뒤바꾸어 놓은 윌리엄의 영국 정복은 연대기 작가들의 기록 등을 통하여 후대에 전해졌다. 하지만 지금처럼 많은 자료가 남아 있는 것은 아니어서, 둠즈데이북 같은 사료 등이 당시의 사회상을 전할 뿐이다. 그런데 이럴 경우 언어에는 지배 계층과 피지배 계층이 어떻게 교류를 하며 살았는지 그 증거들이 잘 남아 있다. 그 예를 하나 들어 보자.

영어의 가축명은 그 구분법이 흥미롭다. 먼저 주요 가축들의 이름과 고기명을 비교해 보자.

	영어(가축)	영어(고기)	프랑스어(가축/고기)
소	ox, cow	beef	bœuf[뵈프]
돼지	swine, pig	pork	porc[포르]
양	sheep	mutton	mouton[무통]
송아지	calf	veal	veau[보]
사슴	deer	venison	venaison[브네종]*

*독자들을 위해 프랑스어 발음을 우리말로 옮겼다.

먼저 위의 표를 보면 영어는 가축명과 고기명을 구분하는 데 비하여, 프랑스어는 하나의 단어가 가축과 고기를 동시에 가리킨다. 그런데 단어의 모양을 비교해 보면 영어의 고기명과 프랑스어 단어들이 유사한 것을 알 수 있다. 즉, 어느 한 언어가 다른 언어를 차용한 것이다.

정복 이후 영국에서는 두 언어가 구어로 사용되고 있었다. 소수 귀족층의 프랑스어와 일반 민중의 영어가 그것이다. 이런 상황을 상상해 보자.

런던에 정착한 노르망디 출신 몽포르 백작의 저택에는 앵글로-색슨족의 하인이 많았다. 중세에는 유모, 침모, 요리사 등등 많은 하인들이 있었는데, 정복 이후 그런 일을 하던 사람들은 앵글로-색슨족이었을 것이다. 어느 날 요리를 담당하던 John이 소고기 요리를 백작의 저녁 테이블에 올렸다. 먹음직스런 소고기 요리를 보고 몽포르 백작은 다음과 같이 말했다: *"Oh! c'est bon, le bœuf!"*(오! 이 소고기 요리 맛있어 보이는데!). 주인의 칭찬을 들은 John은 흡족한 마음으로 집으로 돌아갔다.

언어는 그 사용자의 신분과 교양의 정도를 나타내는 바로미터와 같은 것이다. 그날 몽포르 백작의 식탁에 소고기 요리를 올렸던 John은 집으로 돌아오면서 한 가지 새로운 말을 배운 것에 만족했을 것이다. 소를 잡아 식탁에 올렸더니 주인이 자기들과는 다른 말로 부르지 않던가? 그것도 멋진 프랑스 말로. 이렇게 문화의 전파는 언어의 이동을 통해 이루어진다. 이런 식으로 영어의 가축명은 본토박이 영어지만, 고기명은 요리를 즐겼던 노르만 귀족의 언어인 프랑스어에서 유래한 것이다. 영어에 다른 언어보다 어휘 수가 많은 이유도 여기에 있다. 또 다른 예로는 정복자의 언어가 피정복자에게는 그 의미가 다르게 전달되는 경우도 있다. 프랑스어 preux는 '용감한 기사'라는 뜻인데 이 단어가 영어에서는 proud가 된다. 그런데 영어 proud에는 '오만한'이라는 뜻도 있다. 즉, 노르만 귀족은 자신들이 용감하다고 생각했지만, 영국인들에게는 오만하게 보였던 것이다.

윌리엄의 정복은 양국의 정치적 위상을 변화시킨 것 외에도 문화적 교류, 특히 영어에 대한 프랑스어의 간섭이 확대되는 결과를 가져왔다.

윌리엄 사후에도 프랑스어에 대한 영향력은 플랜태저넷 제국이 영국에 들어서면서 더욱 가속화되었다.

'c'의 노르망 방언에서 'ch'의 파리 방언으로

노르망 방언의 특징 중의 하나는 첫소리에 'ca-'의 소리가 많다는 것이다. 하지만 13세기부터 영어도 프랑스어 수입의 루트를 바꾸기 시작했다. 대륙에서 파리 지방의 프랑스어가 표준어로 자리를 잡아 가고 있었기 때문이다. 다음의 단어들이 노르망 방언이 아닌, 중부 지방의 프랑스어에서 유래한 말들이다. 노르망 방언의 'ca-'가 중부 지방에서는 'ch-'로 바뀌었다.

- challenge : 고대 프랑스어 *chalenge*에서 수입(현대 프랑스어는 영어처럼 challenge)
- change : 고대 프랑스어 *changier*에서 수입(현대 프랑스어는 changer)
- choice : 고대 프랑스어 *chois*에서 수입(현대 프랑스어는 choix)
- achieve : 고대 프랑스어 *achever*에서 수입(영어는 고대 프랑스어의 의미인 '완수하다'를 간직. 현대 프랑스어에서는 상실됨.)

정복 이전의 영어, 룬 문자

윌리엄의 정복 이전의 영어는 어떤 모양이었을까? 브리튼 섬에 들어온 게르만족은 덴마크에 거주하던 앵글르족과 독일의 작센 지방에 살던 색슨족이었다. 이들은 모두 게르만어를 사용하고 있었다. 브리튼 섬에 들어온 앵글로-색슨족은 고유한 문자도 사용하고 있었는데, 로마 알파벳을 본 따 만든 룬 문자Runic Alphabet를 사용하고 있었다. 주로 주술과 장식에 사용되던 룬 문자는 로마 알파벳에 의해 사라졌는데, 그 단초는 597년 브리튼 섬에 기독교를 포교하기 위해 들어온 성 어거스틴Augustine이 제공하였다. 교회가 공식 언어로 라틴어를 사용한 결과였다. 본래 룬 문자는 의사소통의 문자라기보다는 주술적 용도로 사용되던 문자였다. '룬'이란 말의 의미가 '비밀'이라는 뜻으로 보아 룬 문자의 주술적 사용을 이해할 수 있다.《반지의 제왕》과《해리포터》에서 작가들이 작품 속에 룬 문자를 등장시킨 이유가 여기에 있다.

룬 문자는 수직의 직선을 사용하여 주로 나무나 돌에 새겨 넣었다. 지금도 스코틀랜드 남쪽에 위치한 덤프리스Dumfries에서 발견된 루스웰Ruthwell 십자가에는 룬 문자가 빼곡히 새겨져 있다.

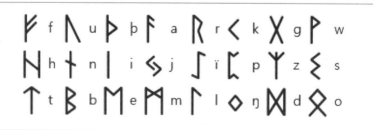

고대 룬 문자의 알파벳. 게르만어들을 기록하던 문자였다. 처음에 나오는 다섯 소리를 조합하여 Futhark 문자라고도 불린다. 북부 이탈리아에서 사용되던 고대 에트루리아 문자나 로마 알파벳을 응용하여 만들었다는 것이 학계의 정설이다. 실제로 몇몇 철자(F, A, R, I, B) 등의 철자가 로마 알파벳과 비슷하고, 그리스 알파벳의 시그마 Σ(S의 음가)도 보인다.

룬 문자는 라틴어의 문자인 로마 문자에 의해 사라져 갔다. 하지만 þ 같은 철자는 로마 알파벳과 함께 여전히 사용되었다. 아래 표는 룬 문자와 고대 영어의 철자를 비교하여 그 음가를 보여 주고 있다.

룬 문자	고대 영어의 철자	고대 영어	의미
ᚠ	f	*feoh*	가축, 재산
ᚢ	u	*ür*	들소
ᚦ	þ	*þorn*	가시
ᚩ	o	*os*	입
ᚱ	r	*rad*	여행
ᚳ	c	*cen*	불꽃

게르만 신화의 주신(主神) 오딘은 지혜를 찾아 우주의 중심을 받치고 있는 이그드라실 (Yggdrasil)에서 자신을 희생하면서까지 룬 문자의 지혜와 비밀을 얻으려고 했다. 오딘은 이후에도 지혜를 얻기 위해 미미르(Mimir)의 샘에서 자신의 눈을 받치고 지혜를 얻지만 평생 애꾸눈이 되었다. 한 신화의 으뜸 신이 애꾸눈이라는 것이 이해가 잘 되지 않지만, 서양인들의 조상인 게르만족의 신화는 이렇게 시작된다.

COFFEE BREAK

Napkin과 Apron이 모두 프랑스어?

하나의 단어에서 갈라진 두 개의 단어를 어학적인 용어로 이중어 (Doublet)라 부르는데, 부모가 같은 단어들을 가리킨다. 영어의 Napkin 과 Apron은 이중어인데, 프랑스어 Napperon('작은 식탁보')이 그 부모 에 해당하는 말이다. 본래 '식탁보'를 의미하는 프랑스어 Nappe[나프] 에 게르만어의 축소접미사 'kin'이 붙어 만들어진 말이 영어의 Napkin 이다. 또한 그 의미도 식사 중에 식탁보로 입을 닦던 중세의 풍습으로 미루어 본다면, '식탁보'에 '냅킨'의 의미가 만들어진 것은 자연스러워 보인다. 두 번째 단어인 Apron 역시 프랑스어 Apperon에서 만들어졌 는데, Napperon의 'n'을 부정관사 un의 형태로 잘못 판단한 것이다. 그 결과 'n'이 탈락되어 Apron이 만들어지게 되었다.

CRIST WÆS ON RODI. HWEÞRÆ /
ÞER FUSÆ FEARRAN KWOMU /
ÆÞÞILÆ TIL ANUM

Krist wæs on rodi. Hweþræ'/
þer fusæ fearran kwomu/
æþþilæ til anum.

"Christ was on the cross. Yet / the brave came there from afar / to their lord."

8세기에 만들어진 것으로 보이는 루스웰 (Ruthwell) 십자가에는 룬 문자들이 가장 자리에 빼곡히 음각되어 있다. 위에서 소개 한 원문 중, 첫 번째는 십자가의 주변에 새 겨진 룬 문자이고, 두 번째는 두 개의 룬 문 자를 포함한 고대 영어, 세 번째 텍스트는 현재 영어 번역본이다. '정복'이 없었다면 두 개의 룬 문자는 살아남았을까?

윌리엄의 정복, 영어의 철자 체계를 바꾸어 놓다

영어는 게르만어 계열에 속하는 언어이다. 그런데 윌리엄이 영국에 가저온 프랑스어는 라틴어에서 파생한 로만스어 계열의 언어이다. 그런 까닭에 두 언어는 발음 규칙과 철자 방식 그리고 문장의 구조 또한 상이했다. 국제 질서도 강대국의 문화가 약소국에 유입되듯이 피정복민의 언어였던 영어는 정복자의 언어였던 프랑스어의 영향을 많이 받게 된다. 앞에서는 어휘 분야에 대한 예들을 소개한 바 있는데, 다른 분야에서 영어는 어떻게 고유의 모습을 잃었는지 알아보자.

먼저, 고대 영어가 노르망 방언으로부터 가장 많은 영향을 받은 분야는 철자의 영역이다. 영어의 철자가 동계어인 독일어보다 어파가 다른 프랑스어와 유사하게 보이는 이유는 노르만 필경사들이 영어의 철자를 프랑스 철자법에 따라 재편했기 때문이다.

고대 영어에는 총 24개의 알파벳이 있었다. 22개의 로마 알파벳에 2개의 문자를 추가하여 사용했다. 아래 알파벳이 고대 영어에서 사용되던 철자들이다.

a, æ, b, c, d, e, f, g, h, i, k, l, m, n, o, p, r, s, t, þ, ð, u, w, y.

고대 영어의 알파벳을 지금의 알파벳과 비교하면 우선 〈j〉, 〈v〉, 〈x〉, 〈q〉, 〈z〉의 철자가 보이지 않는다. 이 철자들은 노르만 정복 이후 프랑스어를 통하여 영어에 들어오게 된다. 고대 영어 철자 중에는 지금은 사라진 철자도 보인다. 철자 〈þ〉는 [ð]의 음가를 그리고 〈ð〉는 [θ]의 음가를 가진 철자였다. 이 두 발음의 철자는 나중에 ⟨th⟩로 바뀌었다. 로마 알파벳은 라틴어 시기부터 일부 철자의 구분이 안 되었는데, 프랑스어와 마찬가지로 영어에서도 ⟨i⟩와 ⟨j⟩ 그리고 ⟨v⟩와 ⟨u⟩는 구분이 안 되었다. ⟨i⟩와 ⟨j⟩의 구별은 16세기에 ⟨j⟩가 만들어지고 가능하게 되었다.

노르만 정복 이후 노르망 방언을 통해 영어에 들어온 새로운 철자는 ⟨x⟩, ⟨q⟩, ⟨z⟩였는데, 이 철자들은 고대 프랑스어에서 사용되던 철자였다. 이 철자들이 영어 철자법에 어떤 영향을 주었는지 살펴보자. 먼저, 철자 ⟨q⟩는 영어의 ⟨cw⟩를 대체하기 시작했는데 '여왕'을 의미하는 고대 영어 *cwene*은 프랑스식 철자법인 queen으로 바뀐 것이 대표적인 예이다. 이 밖에도 [k]와 [tʃ]의 음가를 가지고 있었던 철자 ⟨c⟩가 [tʃ]의 음가를 가진 단어에서는 고대 프랑스어의 철자인 ⟨ch⟩로 바뀐 것도 같은 예이다. 예를 들어 영어에 들어간 고대 프랑스어 chance의 발음은 지금의 영어처럼 [tʃans]로 발음되었다. 이 발음은 중세 말기에 지금처럼 '샹스'로 바뀌었지만, 영어에서는 지금도 고대 프랑스어의 발음인 [tʃans] 그대로 간직하고 있다.

'정복'은 영어에서 룬 문자의 흔적까지 지웠다. 즉, 룬 문자에서 유래한 ⟨þ⟩와 ⟨ð⟩는 철자 ⟨th⟩로 바뀌었다(thick, that). 만약 이 두 문자가 없어지지 않았다면 오늘날 영어를 배우는 사람들에게 적어도 철자상으로는 [ð]와 [θ]의 혼동은 없었을 것이다. 노르만 필경사들은 영어의 모음 체계도 프랑스식 철자법으로 바꾸어 놓았는데, 영어의 ⟨u⟩를 프랑스식 철자인 ⟨ou⟩로 대체한 것이 대표적이다(hus>house, mus>mouse). 그러나 일부 어휘는 *hus*를 그대로 간직했는데, '남편'을 의미하는 husband가 그것이다. 본래 husband는 '집을 지키는 남자'라는 뜻이었다.

끝으로, '정복' 이후 영어도 프랑스어처럼 〈v〉와 〈u〉의 구별하기 시작하였다. 중세에는 〈u〉, 〈n〉, 〈m〉, 〈w〉의 철자를 필사본에서 구별하기 어려웠기 때문에 '사랑'을 뜻하는 *luue*에서 〈u〉를 〈o〉로 바꾸고(*loue*), 나중에 다시 〈u〉는 〈v〉로 바뀌어 오늘날처럼 love가 되었다. 결국 영어의 철자는 영어를 모르는 노르만 필경사들에 의해서 프랑스식으로 바뀌게 되었음을 확인할 수 있다.

현대 영어와 프랑스어, 철자는 같지만 발음이 다르다

컴퓨터에서 자주 사용하는 영어 용어 중에 quit라는 말이 있다. '그만두다'라는 뜻으로 발음은 [kwit]이다. 그런데 이에 대응하는 프랑스어 quitter는 [kite], 즉 첫소리를 [k]로 발음한다. 〈qu-〉의 발음이 영어와 프랑스어에서 다르게 나고 있다. 앞에서도 언급한 것처럼 철자 〈qu-〉는 영어에 존재하지 않던 철자였다. '정복' 이후 노르망 방언을 통해 영어에 들어온 것이라고 했다. 다음과 같은 단어 쌍들이 두 언어에서 발음상의 차이를 보여 주고 있다.

quitter[kite](프)/quit[kwit](영);
qualité[kalite](프)/ quality[kwɑːləti](영)

위의 단어 쌍에서 보듯이 프랑스와 영어는 같은 철자를 다르게 발음한다. 하지만 윌리엄의 정복이 있었던 11세기의 프랑스어에서는 〈qu-〉의 발음이 지금의 영어처럼 [kw]로 발음되고 있었다. 다시 말해 현대 영어의 〈qu-〉의 발음은 고대 프랑스어의 발음을 그대로 간직하고 있음을 알 수 있다.

두 번째로 들 수 있는 프랑스어와 영어의 발음 차이는 [ʒ]와 [dʒ]의 대립이다. [ʒ] 발음은 현대 프랑스어의 철자 〈j〉와 〈ge〉, 〈gi〉 등에서 나타나는 소리인 반면, [dʒ] 발음은 현대 프랑스어에는 존재하지 않고 영어에만 존재한다. 왜냐하면 이 소리들은 고대 프랑스어에만 존재했기 때문이다. 그 결과, 현대 영어에서 철자 〈j〉와 〈ge〉, 〈gi〉의 음가는 [dʒ]로 발음되어 프랑스어와 구분된다. 이 경우도 〈qu〉의 경우와 마찬가지로 영어에 남아 있는 고대 프랑스어 발음의 흔적임을 알 수 있다. 다음과 같은 단어 쌍들이 프랑스어와 영어의 발음 차이를 잘 보여 주고 있다.

juge[ʒyːʒ](프)/judge[dʒʌdʒ](영); général[ʒeneʀal](프)/
general[dʒenrəl](영)
chasser[ʃase](프)/chase [tʃeis](영); chef[ʃɛf](프)/chief[tʃiːf](영)

위의 단어 쌍에서 프랑스어 단어의 발음은 모두 [ʒ]인 데 반해, 영어 단어들은 [dʒ] 소리를 포함하고 있음을 알 수 있다. 마찬가지로 영어의 chase(추적하다)는 고대 프랑스어 발음 [tʃ]를 간직하고 있으나, 프랑스어의 대응어 chasser(사냥하다)에서는 [ʃ]로 단순화되었다. 위의 예들을 종합해 보면 영어는 고대 프랑스어의 발음 [kw], [dʒ], [tʃ]들을 지금도 잘 보전하고 있음을 알 수 있다. 정복 이전의 언어에 대한 이야기는 이쯤에서 접고 이제는 다시 영국과 프랑스의 이야기로 돌아가자.

고대 프랑스어를 간직하고 있는 영어 단어들

영어에는 아직도 고대 프랑스어 어휘들의 1차적 의미가 그대로 남아 있다. 정작 현대 프랑스어에서는 사라졌지만 현대 영어에는 아직도 남아 있는 어휘들이다. 언어를 제공한 쪽에서는 사라졌지만 수입한 당사자의 언어에는 여전히 남아서 과거의 의미를 전해 주고 있다.

영어	현대 영어의 의미	고대 프랑스어	고대 프랑스어의 의미
foreign	외국의	forain	외국의
grief	슬픔	grief	슬픔
solace	위로(시적 표현)	soulace	환희
squire	토지의 소유주	escuier	방패를 들고 다니는 자
scorn	경멸	escorner	경멸하다
to purchase	구입하다	porchacier	취득하려고 애쓰다
to conceal	숨기다	conceler	숨기다
attire	의복	atir	옷을 입는 데 필요한 것
to strive	노력하다	estriver	노력하다
faint	허약한, 가벼운	feint	부드러운, 무기력한
rental	집세	rental	(토지의) 연간 사용료
aunt	이모, 고모	ante	이모, 고모
gown	가운(법관)	gone	긴 웃옷

헨리 2세, 광활한 플랜태저넷 제국을 건설하다

정복왕 윌리엄에게는 세 명의 왕자가 있었다. 장남 로베르는 노르망디를 물려받고, 붉은 얼굴의 윌리엄 루푸스는 영국을 물려받았다. 그리고 막내 헨리는 은화 5,000마르크를 유산으로 받았다. 그런데 어느 날 윌리엄 루푸스가 사냥에 나섰다가 화살을 맞고 그 자리에서 숨을 거두고 만다. 그러자 함께 동행을 했던 막내 헨리는 형의 시신을 내버려둔 채 왕실 금고의 열쇠를 손에 넣기 위해 윈체스터로 뛰었다. 왕위 계승권의 적자인 형이 노르망디에서 귀국하기 전에 왕위를 차지하기 위함이었다. 일찍 일어나는 새가 먹이를 구하듯이, 결국 헨리가 왕관을 차지하고 헨리 1세로 등극한다.

헨리 1세 사후 19년간 지속되었던 무정부 상태의 내란은 헨리 1세의 딸 마틸다가 낳은 헨리 2세가 왕위에 오르면서 종식되었다. 신성로마제국으로 시집갔던 마틸다는 황제가 세상을 떠나자 영국으로 돌아와 자신보다 열한 살 연하인 앙주 백작 조프루아 5세Geoffroy V와 재혼을 했는데, 이 둘 사이에서 태어난 왕자가 바로 헨리 2세이다. 그는 외가로부터는 영국과 노르망디, 친가로부터는 프랑스의 앙주 백작령을 물려받았다. 이제 노르만 왕조의 시대가 끝나고 플랜태저넷 왕조가 시작된 것이다. 이때가 1154년이니까 윌리엄이 영국을 정복한 지 89년째 되는 해였다.

89년이면 세대가 세 번 정도 바뀐 기간이다. 이 정도 시간이면 노르만 귀족들도 영어에 어느 정도 익숙해졌을 것이다. 그런데 1154년 영국의 새로운 국왕이 된 헨리 2세는 완전한 프랑스인이었다. 역사의 바퀴는 다시 처음부터 움직이기 시작했다.

먼저 '플랜태저넷'이란 생경한 말의 뜻부터 살펴보자. 프랑스어로 읽으면 '플랑타주네Plantagenêt'가 되는 이 단어는 'planta+genêt'로 이루어져 있는데, 앞의 planta는 '꽂다', 뒤의 genêt는 '금작화'를 의미한다. 한국의 개나리와 색깔과 모양이 비슷한 꽃이다. 일설에 의하면 이 별명은 헨리 2세의 아버지인 앙주 백작 조프루아 5세가 평소에 금작화 가지를 모자에 잘 꽂고 다녔다고 해서 붙은 별명이라고 한다.

서양 중세의 초기에는 국가라는 개념이 없었다. 그러므로 자신이 소유하고 있는 영지를 결혼할 때 지참금으로 가져가거나 저당을 잡히는 일도 있었다. 실제로 정복왕 윌리엄의 장자 로베르는 십자군 원정에 참여하기 위해 노르망디를 윌리엄 루푸스에게 저당을 잡히고 10,000마르크를 빌렸다고 한다. 루푸스가 사고로 죽자 노르망디는 다시 헨리 1세의 소유가 되었고, 이후, 그의 딸 마틸다가 앙주 백작인 조프루아 5세와 결혼을 하여 낳은 아들 헨리 2세에게 넘어갔다. 한편 헨리 2세는 프랑스의 루이 7세와 이혼한 알리에노르Aliénor (영어명 엘레오노르 Eleanor)와 결혼하는데, 그녀는 자신이 소유하고 있던 아키텐 공작령을 결혼 지참금으로 헨리 2세에게 가져간다.

헨리 2세의 문장. 윌리엄의 문장에는 두 마리의 사자가 정면을 보고 있었지만, 한 마리의 사자가 서 있는 모양으로 바뀌었다.

헨리 2세의 아버지 앙주 백작 조프루아(Geoffroy)의 별명인
금작화. 그는 항상 모자에 이 꽃의 가지를 꽂고 다녔다고 한다.

COFFEE BREAK

밀가루(Flour)와 꽃(Flower)

영어에서 밀가루를 의미하는 flour와 꽃을 의미하는 flower는 발음이
같다. 단지 우연의 일치로 철자는 다른데 발음이 같은 것일까? 중세에
빵은 식단에서 없어서는 안 될 중요한 식품이었다. 영어에서 lord와
lady란 말이 빵을 의미하는 loaf에서 만들어질 정도였으니까…. 노르만
정복 이후 13세기경에 영어에는 flure, floure, flower, flour, flowre 같
은 단어들이 등장하는데, 그 뜻은 '식물의 만개(滿開)'를 뜻하는 프랑스
어 fleur에서 유래하였다. 그 다음에 그 뜻이 확장되어 '어떤 것의 최고
의, 가장 바람직한, 가장 선별된 부분'을 가리키게 되었다. 이후 flur는
앵글로-색슨어 blossom을 밀어내고 '꽃'을 의미하는 단어로 정착된다
(철자는 훗날 flour로 바뀜). 아울러 '꽃처럼 곱게 정제된 밀가루'라는 뜻
의 flour도 생겨났다.

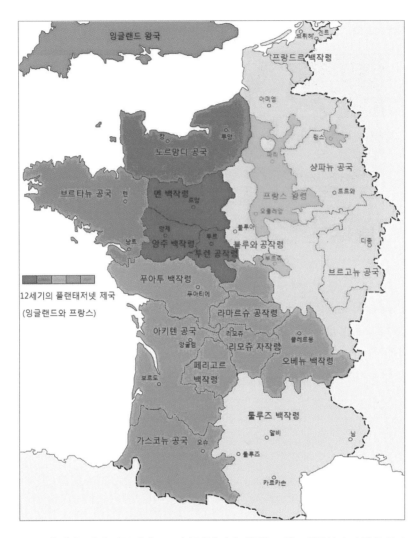

잉글랜드 왕국

프랑드르 백작령

아미엥

노르망디 공국

캉

루앙

랭스

상파뉴 공국

파리

브르타뉴 공국

멘 백작령

프랑스 왕령

르망

트루아

낭트

앙주 백작령

투르

블루아

오를레앙

블루아 공작령

부르주

디종

투렌 공작령

브르고뉴 공국

12세기의 플랜태저넷 제국
(잉글랜드와 프랑스)

푸아투 백작령

푸아티에

라마르슈 공작령

아키텐 공국

리모쥬

앙굴렘

리모쥬 자작령

클레르몽

오베뉴 백작령

페리고르
백작령

보르도

툴루즈 백작령

알비

님

가스코뉴 공국

오슈

툴루즈

카르카손

1154년 헨리 2세가 영국 왕에 오르자 플랜태저넷 제국은 프랑스 왕국보다 더 많은 영지를 소유하게 되었다. 헨리 2세의 영지를 보면, 영국은 아버지 헨리 1세로부터, 노르망디 공작령은 어머니 마틸다, 앙주, 멘 백작령은 조부인 앙주 백작 조프루아, 그리고 아키텐 공작령과 푸아투 백작령은 왕비 알리에노르로부터 받았다. 프랑스 왕의 직속령은 오늘날 파리 근교의 수도권 정도에 불과했다.

인간 헨리 2세

헨리 2세는 체격이 다부지고, 쉽게 화를 잘 내며 사냥을 매우 좋아했다고 한다. 그는 즉흥적인 성격이라 절대로 일정표에 맞춰 행동하는 법이 없었다고 한다. 옷도 소박하게 입고, 자주 사냥매와 함께 사냥꾼의 복장으로 나타나곤 했다고 한다. 하지만 그는 교양이 깊은 사람이었다. 여러 개의 언어를 구사했으며, 책을 읽는 것을 좋아했는데, 이런 그의 장점은 앞에서 열거한 단점에 가려져 잘 알려져 있지 않다. 사진은 생피에르 대성당(푸아티에, 1170년 경)의 스테인드그라스에 그려진 헨리 2세의 모습이다. 이 성당은 헨리 2세가 기부한 것이라고 한다. 왕의 직선적인 성격상 자신의 얼굴을 그대로 그리게 했을 것이다. 하지만 그의 도덕적 일탈은 그 정도를 넘었다. 라이벌 루이 7세가 자신의 딸 알릭스Alix를 헨리 2세의 아들 리처드에게 약혼녀로 보냈는데, 그는 며느리가 될 여인을 자신의 정부로 삼았다.

알리에노르, 프랑스의 왕비에서 영국의 왕비로

프랑스의 왕비에서 영국의 왕비로, 그리고 영국의 청년왕 헨리Henri le Jeune(영어명 Henry the Young King), 사자심왕 리처드Richard Cœur de Lion(영어명 Richard the Lionheart) 그리고 결지왕 존Jean sans Terre(영어명 John

Lackland)의 어머니로 서유럽의 정치 무대에서 알리에노르만큼 파란만장한 일생을 살다간 여인도 없을 듯하다.

프랑스어로 알리에노르Aliénor, 영어로는 엘레오노르Eleanor란 그녀의 이름은 어머니인 아에노르Aénor에서 비롯되었는데, 그 뜻은 '어머니와는 다른 아에노르'란 의미이다. 그녀는 프랑스 아키텐 출신이므로 이 책에서는 프랑스식 이름 '알리에노르'로 부르기로 한다. 그녀의 이름은 12세기 서유럽인들에게 남프랑스의 기사도 문학의 후견자이자, 프랑스와 영국의 왕비로 깊이 각인되었다. 기사도 연애담에 심취한 그녀는 남자처럼 사냥도 배우고, 음악, 문학 그리고 당시의 교양어인 라틴어까지 배운 보기 드문 재원이었다고 연대기 작가들은 기록하고 있다.

그녀는 지금의 보르도를 중심으로 광활하게 펼쳐진 아키텐 공작령을 아버지 윌리엄 10세로부터 물려받았는데, 그때 그녀의 나이는 열다섯 살이었다. 부왕의 가신들은 그녀에게 충성의 서약을 했지만 윌리엄 10세는 생전에 그녀가 아키텐의 명실상부한 통치자가 될 수 있을지 걱정했다고 한다. 그래서 그는 주군인 프랑스 왕국의 루이 6세(비만왕)의 아들에게 시집을 보냈는데, 훗날 혼인 취소를 하게 되는 루이 7세가 그녀의 남편이었다.

아키텐의 공작에서 프랑스 왕국의 왕비가 된 알리에노르는 파리의 궁정에서는 환대받지 못했다. 그녀는 교양이 넘치고 아름다웠지만, 다소 차가운 성격의 소유자였던 남프랑스 출신의 왕비를 파리의 궁정은 탐탁치 않게 생각했던 모양이다. 특히, 그녀의 자유분방한 성격과 사치스러운 궁중 생활도 호사가들의 좋은 이야깃거리가 되었을 것이다. 게다가 루이 7세와의 사이에는 아들이 없었고 딸만 두명을 두었던 것도 파혼의

레이몽 드 푸아티에가 시리아의 안티오크에서 루이 7세를 영접하는 장면. 〈세바스티엥 마므로(Sébastien Mamerot)의 해외 여정〉속에 실린 장 콜롱브(Jean Colombe)의 채색 삽화, 1473년 −1474년 경.

단초가 되었을 것이다. 하지만 루이 7세와의 파경은 제2차 십자군 원정에서 그 씨앗이 잉태되었다는 것이 정설이다.

애당초 신앙심이 경건한 루이 7세와 자유분방한 성격의 알리에노르는 처음부터 어울리지 않는 부부였다. 결국 부부간의 갈등은 십자군 원정에서 증폭되어 마침내 폭발하고 만다. 갈등의 표면상 이유는 십자군 전쟁의 실패, 그리고 루이 7세의 지나친 신앙심이 그 원인이라고 연대기 작가들은 적고 있지만, 결정적인 파국은 알리에노르가 루이 7세와 함께 시리아의 안티오키아에 들렀을 때 숙부인 레이몽 드 푸아티에Raymond de Poitier를 만나면서 시작되었다고 한다.

1148년 프랑스를 떠난 루이 7세의 십자군은 시리아의 안티오키아에서 열흘간 머문다. 숙부인 레이몽은 조카 부부를 반갑게 맞이해 주었다. 그런데 숙부와 질녀의 관계가 예사롭지 않다는 말들이 돌기 시작하였다. 마침내 안티오키아를 떠나기로 한 날, 알리에노르는 루이 7세와의 혼인이 근친간의 결혼이라고 주장하며 남편을 따라나서기를 거부한다. 호사가들은 숙부와 질녀의 관계를 의심하기 시작하였고, 연대기 작가들은 루이 7세가 안티오키아 도착하기 이전까지의 행적만을 적었다. 여기까지가 알리에노르와 루이 7세가 파경에 이르게 된 과정이다. 혹자는 당시의 성풍속을 지금의 잣대로 판단해서는 안된다고 알리에노르를 변명해 주기도 한다. 지금과는 달리 12세기의 유럽에서 서로에게 충실하지 못한 배우자들을 찾기란 그리 어렵지 않았기 때문이다.

루이 7세와의 결혼을 취소한 알리에노르는 2년 뒤인 1154년 프랑스 왕의 봉신이자 영국 왕인 헨리 2세와 재혼한다. 당시에는 이혼 자체를 가톨릭 교회에서 허락하지 않았기 때문에 그녀는 루이 7세와의 근친혼을 핑계삼아 결혼을 취소했다. 이후 영국의 왕비가 된 그녀는 다섯 명의 왕자와 다섯 명의 공주를 남편 헨리 2세에 안겨 주었다. 하지만 자식이 많으면 근심도 큰 법, 광활한 플랜태저넷 제국을 누구에게 물려주느냐가 헨리 2세의 고민이었다.

알리에노르가 영국의 왕비가 되었다는 사실은 두 가지 측면에서 매우 중요한 의미를 가진다. 첫째, 그녀의 재혼은 12세기 서유럽의 정치적 무게 중심이 프랑스에서 영국으로 넘어가게 되는 결정적인 계기가 되었다. 그녀는 광활한 아키텐 공작령을 영국 왕에게 지참금으로 가져갔는데, 이러한 행위는 그녀가 더 이상 프랑스 왕의 봉신이 아니라는 뜻이었다. 서유럽의 정치 판세가 영국으로 쏠리게 된 것이다. 두 번째 의의는 그녀가 영국에 프랑스 문화의 유입을 알리는 첨병의 역할을 했다는 것이다. 다시 말해 그녀는 비옥하고 부유한 아키텐을 배경삼아 영국 왕실에 프랑스 문화를 전달한 장본인이었다.

COFFEE BREAK

윌리엄을 추억하며

헨리 2세의 아들 청년왕 헨리는 다소 엉뚱한 성격의 소유자였다고 한다. 그는 어느 날 선조인 정복왕 윌리엄을 기리기 위해 노르망디의 뷔르 Bures에서 윌리엄이라는 이름을 가진 사람들을 저녁에 초대했는데, 당시 윌리엄이라는 이름은 장Jean 다음으로 흔한 이름이었다. 그날 저녁 청년왕 헨리는 17명의 윌리엄과 저녁을 함께 했다고 한다.

영국 왕실의 왕비들

문화는 마치 물처럼 높은 곳에서 낮은 곳으로 흘러간다. 피렌체에서 태동한 르네상스는 전 유럽으로 확산되었는데, 프랑스의 경우 피렌체 가문의 카트린 드 메디치가 앙리 2세와 결혼하면서 이탈리아의 선진 문화 유입에 적지 않은 영향을 미쳤다. 실제로 이 시기를 전후로 많은 이탈리아어가 프랑스어에 들어오는 계기가 되었다. 이렇듯 왕실간의 혼인은 많은 문화 교류를 촉발하게 된다.

영국의 경우 헨리 2세를 시조로 시작된 플랜태저넷 왕조는 그 뿌리를 프랑스에 두었던 왕조였다. 그런 까닭에 헨리 6세가 왕위에 오른 1422년까지 모든 영국 왕들은 프랑스에서 왕비를 맞이하였다. 무려 3세기 이상 프랑스 출신 공주들이 영국의 왕비가 된 것이다. 3세기 이상 프랑스의 공주가 수많은 식솔을 거느리고 영국 왕실에 들어갔으니 영국 왕실에서 프랑스 문화의 영향은 상당했을 것이다. 특히 문화와 예술과 관련된 프랑스어들이 이 시기에 영어에 많이 유입되었다. 대륙에서 건너온 프랑스 왕비들을 정리해 보자.

- 헨리 2세(1133-1189)┬알리에노르(아키텐)
- 청년왕 헨리(1155-1183)┬마르그리트(프랑스, 루이 7세의 딸)
- 사자심왕 리처드(1157-1199)┬베랑제르(나바르)
- 결지왕 존(1167-1216)┬이사벨(앙굴렘)
- 헨리 3세(1207-1272)┬엘레오노르(프로방스)
- 에드워드 1세(1239-1307)┬마르그리트(프랑스의 담대왕 필립의 딸)
- 에드워드 2세(1284-1327)┬이사벨(미남왕 필립의 딸)
- 에드워드 3세(1312-1377)┬필리파(에노 공작의 딸)
- 리처드 2세(1367-1399)┬이사벨(샤를 6세의 딸)
- 헨리 4세(1387-1413)┬잔(나바르)
- 헨리 5세(1387-1422)┬카트린(샤를 6세의 딸)
- 헨리 6세(1422-1461)┬마르그리트(앙주)

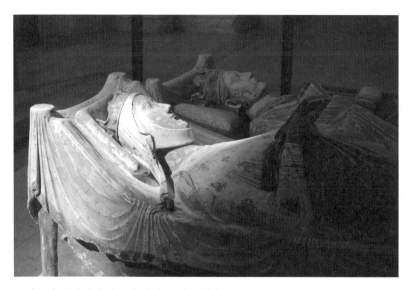

프랑스의 왕비에서 영국의 왕비로 파란만장한 삶을 살다 간 알리에노르의 횡와상(gisant). 남편인 영국 왕 헨리 2세와 나란히 누워 있다. 생전에 헨리 2세에게 많은 자식을 낳아 주어 세 명의 아들이 영국 왕에 올랐으나, 아들들을 부추겨 남편을 왕좌에서 쫓아내려던 왕비였다. 결국 헨리 2세가 죽을 때까지 16년 동안 감옥에 갇혀 있었다. 남편 헨리 2세의 고향인 앙주 지방의 퐁트브로(Fontevraud) 수도원에 두 부부는 사이좋게 누워 있다. 책을 들고 있는 모습이 이채롭다. 당시에 여자들은 대부분 문맹이었지만 알리에노르는 라틴어를 읽을 수 있을 정도로 박식했다고 한다.

　　윌리엄의 영국 정복과 프랑스에 뿌리를 둔 플랜태저넷 왕국의 성립은 분명히 영국에 프랑스 문화의 영향력을 증대시켰다. 게다가 영국 왕들이 무려 300년 동안 프랑스에서 배우자를 선택했다는 것은 지나친 프랑스 편중의 결과라고 말할 수 있다. 하지만 당시의 풍습, 특히 여자들이 결혼을 할 때 신랑에게 가져가는 지참금의 개념을 생각해 보면, 왜 영국 왕들이 풍요롭고 안정된 프랑스의 여러 지방에서 배우자를 선택했는지 이해할 수 있다. 이러한 전통은 루이 7세의 왕비였던 알리에노르부터 시작되었음을 확인할 수 있었다. 그 후 그녀는 세 명의 아들이 차례로 영국 왕에 등극하는 것을 지켜보았다. 그런데 한 가지 이해하기 힘든 것은 장남 청년왕 헨리가 전 남편 루이 7세의 딸인 마르그리트와 결혼을 했다는 사실이다. 루이 7세는 알리에노르의 전 남편이었는데…. 아마도 알리에노르는 그 결혼을 반대했을지 모르지만 헨리 2세의 입장에서 보면 이보다 더 좋은 정략적인 결혼도 없었을 것이다. 영국 왕이 프랑스 왕의 봉신인 까닭에 그의 딸을 며느리로 맞이한다면 플랜태저넷 제국의 수호에 큰 도움이 된다고 헨리 2세는 생각했을 것이다.

COFFEE BREAK

영어에 차용된 문화 어휘들

영국 왕실에 시집을 온 프랑스 공주들은 많은 식솔을 데리고 도버 해협을 건넜다. 그중에는 요리사, 재단사, 유모, 침모 등 다양한 직업을 가진 프랑스 하인들도 있었을 것이다. 그들은 대개 영국 사회에서 상류 계층의 문화적 활동에 관여하는 사람들이었기 때문에, 그들의 모국어, 즉 프랑스어 어휘들이 자연스럽게 영어에 들어갔을 것이다. 몇몇 예들을 보자.

- fashion〈프. façon(프랑스어 발음 '파송') : fashion이라는 영어 단어는 13세기에 영어에서 확인되는데, 본래 고대 프랑스어에서 이 단어는 '얼굴', '외모', '건설', '패턴', '디자인' 등의 의미로 사용되었다. 아마도 '옷을 멋지게 입는 법'이라는 의미로 영어에서 재탄생되었을 것이다. 하지만 현대 프랑스어 façon에 '유행'이라는 의미는 없다.
- dress〈프. dresser(드레세) : 고대 프랑스어 동사 *dresser*는 '똑바로 세우다'라는 의미를 가지고 있었다. 귀족 여성이 옷을 입을 때 똑바로 선 채 하녀들이 옷을 입혀 주는 모습을 상상해 보면 영어 dress의 의

미를 유추해 볼 수 있다.

- mercy〈프. merci : 영어의 mercy는 '자비'라는 뜻으로 사용되고, 프랑스어의 merci는 '감사'가 제1차적 의미이다. 본래 중세에 결투를 하던 기사가 패하면 상대방에게 자비를 베풀어 달라고 애원할 때 사용하던 말이었는데, 영어에는 그 의미가 남아 있지만, 프랑스어에는 의미가 일반화되어 '감사'로 축소되었다.

헨리 2세의 왕자들

영국 왕이 프랑스어를 모국어로 사용했던 333년 동안, 처음의 88년은 노르만 왕조, 즉 정복왕 윌리엄의 자손들이 그 주인공들이었다. 하지만 두 번째이자 마지막 왕조인 플랜태저넷 왕조는 그 뿌리가 프랑스의 앙주 지방을 모태로 삼고 있었다. 이제 막 시작되려던 프랑스계 영국 왕조의 현지화는 다시 원점으로, 그것도 이전 왕조보다 더 프랑스적 색채가 강한 왕조로 회귀했다.

플랜태저넷 왕조의 시조 헨리 2세가 자신보다 열한 살 연상인 알리에노르와 재혼하는 과정은 한 편의 드라마같다. 본래 영국 왕은 정복왕 윌리엄이 프랑스 왕의 봉신이었으므로, 헨리 2세도 해마다 프랑스 국왕에게 신하의 예를 올리러 파리Paris에 가야 했다. 그런데 당시 프랑스의 왕인 루이 7세의 부부 금슬이 썩 좋지 않았던 것 같다. 왕비 알리에노르는 "나는 왕이 아니라 신부(神父)와 결혼한 것 같다"라고 탄식할 정도였다고 한다. 그러던 중 봉신의 예를 갖추기 위해 파리에 들른 헨리 2세와 알리에노르의 운명적인 만남이 이루어진다. 결국 알리에노르는 루이 7세와 이혼을 하고, 헨리 2세와 재혼을 했는데, 아키텐 공작령과 푸아투 백작령을 결혼 지참금으로 가져갔다.

헨리 2세는 여러 명의 왕자를 두었는데 그중에서도 헨리, 제프리, 리처드 그리고 존이 뛰어난 왕자들이었다. 그러나 이들은 훗날 어머니 알리에노르와 공모하여 부왕 헨리 2세를 몰아내려고 했던 패륜의 자식들

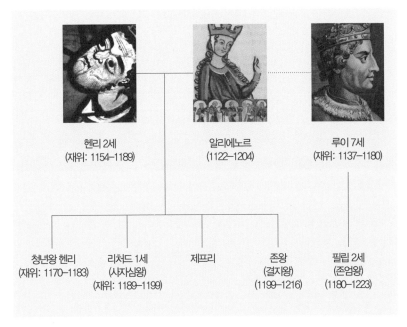

첫 번째 남편은 프랑스의 루이 7세, 두 번째 남편은 플랜태저넷 제국의 헨리 2세. 이 정도면 남편복이 넘쳐야 한다고 할까? 세 명의 아들도 영국의 왕위에 올랐다. 아키텐의 알리에노르는 당시로는 학식도 겸비한 여걸이었다. 둘째 아들 리처드를 편애하여 남편과의 불화가 끊이지 않았고, 헨리 2세의 왕위를 찬탈하기 위해 자식들을 부추기다가 감옥에서 말년을 보냈다.

이었다. 헨리 2세는 아들들을 여러 번 살려 주지만 사랑하는 막내아들 존도 형 리처드의 반란군에 합류했다는 소식을 듣고 절망하여 프랑스의 시농 성에서 생을 마감한다.

연대기 작가들은 헨리 2세의 기구한 운명이 플랜태저넷 왕조의 오랜 가문력이라고 말한다. 그의 아버지인 앙주 백작 조프루아Geoffroy 5세의 집안에는 무서운 이야기 하나가 전해 내려온다. 그의 조상 중에는 검은 풀크Fulke the Blacke 공도 있었는데, 그는 부인을 산채로 화형시키고 자식들에게 사지를 편 채 땅에 엎드리게 하여 등위에 말처럼 안장을 짊어지게 하고 사죄를 받았다고 한다. 그래서 그런지 아들 사자심왕 리처드는 모두가 악마에서 태어나서 악마에게 돌아가는 이런 집안은 산산이 갈라져야 한다고 투덜댔다. 실제로 한 왕자는, 아마 리처드였을 것이다, 부왕의 사신에게 다음과 같은 말을 했다고 한다.

"우리 가문에는 형제가 서로 싸우고 아들들은 모두 아버지에게 칼을 들이대는 것이 조상으로부터 유전으로 우리 핏줄 속에 흐르고 있다는 것을 그대는 잘 알고 있을 것이다."

고독한 사자(The Lion in Winter)

1183년 크리스마스 날, 헨리 2세는 광활한 플랜태저넷 제국의 후계자를 선택하기 위해서 자신의 고향인 앙주 지방의 시농 성에서 정부인 알릭스와 머무르고 있었다. 알릭스는 프랑스의 루이 7세의 딸이었는데, 아들 리처드 1세(사자심왕)의 약혼녀였다. 다시 말해 헨리 2세는 아들의 약혼녀를 정부로 두고 있었다. 수년 전부터 왕비 알리에노르는 아들을 부추겨 반란을 꾀한다는 죄목으로 감옥에 갇혀 있었는데, 이 날은 세 명의 아들 중 누가 제국의 후계자로 적합한 지 시험하기 위해 그녀를 잠시 풀어 준 상태였다. 만찬에는 세 명의 아들, 즉 리처드, 브르타뉴공 제프리와 그리고 훗날 왕에 오르는 결지왕 존 이외에도, 프랑스의 필립 2세(존엄왕)도 초대되었다. 필립과 알릭스는 루이 7세의 자식들로 이복남매간이었다. 헨리 2세는 제국이 분열되지 않고 한 사람이 통치하기 바랐고, 알리에노르는 둘째 아들 리처드가 제국의 후계자가 되길 바랐지만 국왕의 의중은 막내아들 존에게 있었다. 리처드를 부추겨서 왕위를 차지하려는 알리에노르와 막내아들 존에게 왕위를 물려주려는 헨리 2세, 하지만 존마저 반란군에 가담했다는 소식을 들은 헨리 2세는 크게 낙담하고 만다. 결국 그는 세 아들을 감옥에 가두고 정부 알릭스와 재혼을 하기 위해 로마로 향한다. 하지만 재혼을 포기하고 알리에노르를 다시 감옥에 가둔다…. 영화 〈고독한 사자(The Lion in Winter)〉에서, 1968년.

"버터로 되어 있어도 지킬 수 있다!"

흔히 사자왕 리처드로 알려진 리처드 1세는 정확히 말하면 '사자심왕 리처드'가 맞다. 영국에서는 리처드 1세로, 프랑스에서는 사자심왕 Richard Cœur de Lion(영어로는 Richard the Lionheart)로 불린다. 그가 프랑스어를 모국어로 사용하는 왕이었고, 생전에 영어를 배워 본 적이 없던 플랜태저넷의 왕인 점을 고려하면 프랑스어로 부르는 것이 자연스러울지 모른다.

그는 부왕 헨리 2세의 둘째 아들로 태어나 왕위를 물려받을 자격은 없었지만, 운명은 아무도 모르는 것이다. 게다가 왕권을 차지하기 위해서는 부자간의 천륜도 비껴가는 법인가 보다. 리처드가 형 헨리와 함께 모반의 대열에 앞장선 것이다. 아마도 어머니 알리에노르가 선동한 것도 큰 몫으로 작용했을 것이다.

사자심왕 리처드의 별명은 '예스 노 맨', 프랑스어로는 'Oc et no'(영어로는 Yea-and-Nay)이다. Oc는 남프랑스의 오크 방언에서 '예스'를 뜻하는 말이다. 그가 아주 간단명료한 성격의 소유자였음을 보여 주는 별명이다. 그는 영국에서 태어났지만 어머니 알리에노르의 고향 아키텐에서 자랐기 때문에 남프랑스의 방언을 사용하는 분위기에서 자랐다고 한다. 별명에서 알 수 있듯이 그는 종잡을 수 없는 성격의 소유자였다고 한다. 그는 또한 문학에도 조예가 깊었는데 남프랑스의 음유시인들(Troubadour)의 후원자를 자처하기도 하였다.

1189년 헨리 2세가 죽고 리처드가 영국의 왕에 즉위했을 때 그는 플랜태저넷의 다른 왕들처럼 노르망디와 아키텐의 공작령도 함께 물려받았다. 그런데 바깥 사정은 썩 좋지 않았다. 프랑스의 필립 2세(존엄왕)가 노르망디를 수복하려고 호시 탐탐 노리고 있었기 때문이다.

사자심왕 리처드의 문장. 노르망디의 사자가 일어나서 서로 마주 보며 포효하고 있다. 부왕 (父王)의 문장에 한 마리의 사자를 추가했다.

서유럽의 패권을 차지하고 있던 두 나라, 즉 영국과 프랑스에서 이런 라이벌 구도는 일찍이 찾아볼 수 없었다. 리처드 1세와 필립 2세는 유년 시절을 함께 보냈고, 친구이자 정치적 파트너 그리고 경쟁자였다. 리처드가 아버지 헨리 2세에게 반란의 깃발을 들었을 때, 필립 2세는 리처드와 동맹 관계를 맺었다. 필립은 철저히 정략적인 차원에서 리처드와 손을 잡았던 것이다. 하지만 필립 2세가 노리는 것이 프랑스 왕국 내의 노르망디 공국이라는 것을 리처드는 누구보다도 잘 알고 있기에 늘 경계심을 늦추지 않았다.

1189년 영국 왕에 오른 사자심왕 리처드는 의협심이 많은 왕답게 제3차 십자군 원정에 오른다. 그런데 아무래도 노르망디와 아키텐이 마음에 걸렸다. 결국 그는 필립에게 함께 십자군 원정에 참가하자고 제안하여, 둘은 같은 날 마르세유에서 성지를 향해 떠났다. 하지만 원정을 마치고 돌아오는 길에 오스트리아의 레오폴드 공작에게 사로잡혀 신성로마제국의 황제 하인리히 5세에게 넘겨진다. 다혈질이었던 리처드가 성지에서 레오폴드 공작을 모욕했기 때문에 레오폴드는 리처드에게 앙심을 품고 있던 터였다. 신성로마제국 황제는 리처드의 몸값으로 영국 왕국의 2년치 수입에 해당하는 15만 마르크의 은화를 요구한다. 나라를 팔고 저당을 잡히던 중세에 흔히 일어날 수 있었던 이야기다. 결국 아들을 끔찍이 사랑했던 알리에노르는 1차로 10만 마르크의 은화를 지불하고 아들을 구해 올 수 있었다. 당시 영국의 경제가 얼마나 번성했는지 잘 보여 주는 대목이다.

리처드는 귀국해서도 선왕의 고향인 노르망디를 지키기 위해 여러 곳에 성을 축조하며 프랑스 군의 침범에 대비하였다. 그중에서도 대표적인 성이 센 강 하구의 천혜의 절벽에 축조한 가이아르Gaillard성이었다. 1196년에 축조하기 시작하여 3년 만에 완성한 이 천혜의 요새를 두고 사자심왕 리처드와 존엄왕 필립은 유명한 설전을 벌였다. 먼저 리처드가 다음과 같이 호언장담을 했다: ≪je le défendrai, fut-il de beurre≫. 프랑스어만 사용했던 왕이었으니 분명히 위와 같이 말했을 것이다. 이 말의 뜻은 "가이아르 성이 버터로 되어 있어도 나는 방어할 수 있다"라는 뜻이다. 센 강을 굽어보고 있는 절벽에 지은 성이니만큼 절대 함락시킬 수 없다는 말일 것이다. 이에 대해 존엄왕 필립은 다음과 같이 응수한다 : ≪Je le prendrai, fut-il de fer≫. "비록 가이아르 성이 철옹성이라 할지라도 나는 이 성을 함락시킬 수 있다"고 응수한 것이다. 역사는 이 성이 축성된 지 6년도 안 되어 승자를 가려 주었다. 1199년 리처드가 불의의 사고로 죽고, 뒤를 이어 영국 왕이 된 동생 존이 1204년 노르망디를 필립 2세에게 빼앗기고 만 것이다.

사자심왕 리처드와 뗄 수 없는 이야기 중의 하나가 의적 로빈훗의 전설이다. 이 이야기는 귀족들의 재물을 빼앗아 민중들에게 나눠주고, 리

존엄왕 필립의 라이벌 사자심왕 리처드가 1199년에 갑자기 죽었다. 필립은 드디어 노르
망디를 수복할 절호의 기회라고 판단했다. 1203년 8월 필립은 가이아르 성을 포위했다.
성 안에는 앙들레(Andeleys) 마을에서 피신한 1200명의 주민이 있었다. 필립은 성을 함
락하기 위해 14대의 공성루(beffroi)를 사용하여 총공격을 개시했다. 마침내 1204년 3월
6일, 36명의 기사와 117명의 궁사들이 항복을 했다. 이로써 911년 덴마크 바이킹의 수장
롤로가 프랑크 왕국의 샤를 3세로부터 받은 노르망디는 300년 만에 다시 프랑스 왕국에
귀속된다. 왼쪽에 백합꽃 문양의 푸른 망토를 휘날리며 전투를 지휘하고 있는 사람이 필립
2세다. 중세 서유럽의 영웅은 사자심왕 리처드였지만, 역사는 오래 살고 꾀 많은 사람을
승자로 기록한다.

센 강을 굽어보고 있는 가이아르 성. 주탑(donjon)은 폐허만 남았다. 그런데 가이아르 성이 이렇게 철저하게 파괴된 이유는 백년전쟁을 비롯한 여러 정치적 변란이 있을 때 농성의 장으로 자주 사용되었기 때문이다. 결국 1595년 노르망디 주 정부는 이 성을 아예 파괴해 달라고 중앙 정부에게 요구했고, 그 청원은 이루어졌다. 현재 가이아르 성이 폐허만 남은 이유다. 오른 편에 앙들레(Andeleys) 마을이 보인다.

처드가 십자군 원정에 나간 사이 존 왕이 왕위를 찬탈하려 하자 리처드의 복위를 위해 싸운다는 이야기다. 하지만 줄거리의 앞뒤가 조금 맞지 않는다. 당시 영국 사회는 지배층인 노르만 출신의 귀족과 앵글로-색슨 서민층으로 양분되어 있었는데, 색슨족의 영웅이 노르만 출신의 왕—게다가 리처드는 영어를 한마디도 하지 못했다—의 복위를 위해 싸웠다는 것은 이해가 잘 되지 않는다. 실제로 로빈훗의 이야기는 리처드 통치 이후에 만들어진 이야기라는 설이 지배적이다. 단지 의적 로빈훗과 중세 기사형 군주의 전형인 사자심왕을 동시대에 설정하여 영웅담으로 만들었다는 것이다. 그러한 주장을 입증하는 역사적 근거로는 리처드가 재위 10년 동안 영국에 머문 기간은 1년도 채 되지 않았다는 것이다. 십 자군 전쟁 등으로 자주 해외 원정을 간 이유도 있지만, 리처드는 "춥고 비가 너무 많이 온다"며 영국 땅 자체를 좋아하지 않았다. 그런 군주를 위해 로빈훗이 왕권 복위를 꾀했다는 것은 앞뒤가 맞지 않는다.

사자심왕 리처드에 관한 이야기는 이 책의 도입 부분에서 소개한 영 국 왕실의 공식 문장에 대한 부연 설명으로 마치기로 하자. 영국 왕실의 문장에는 영국을 상징하는 사자와 17세기에 병합한 스코틀랜드의 상징 유니콘이 양쪽에 배치되어 있다. 가운데에는 노르망디 문장에서 유래한

로빈훗의 고향 노팅엄에 세워진 동상. 관광객들의 단골 포토존이다. 전설은 그가 십자군 원정 중에 포로로 잡힌 주군 사자심왕의 복위를 위해 민중을 이끌었다고 전하지만, 영국을 싫어했 고 부모 자식간의 천륜을 깨뜨렸던 군 주를 위해 과연 로빈훗은 그렇게 했을 까?

영국 왕실의 공식 문장(The Coat of Royal Arms)

세 마리 사자(영국)가 보이고, 오른편에 보이는 붉은 사자는 스코틀랜드, 왼편 아래의 하프는 유명 맥주의 상표에도 등장하는 아일랜드의 상징이다. 스코틀랜드의 붉은 사자는 창살에 갇혀 있으며, 유니콘을 쇠사슬로 묶어 놓은 것은 이 전설의 동물이 고삐가 풀리면 괴물이 된다고 해서 쇠사슬로 묶어 놓은 것인데, 스코틀랜드를 영원히 영국에 복속시키기 위함이 아닐까?

파란 바탕 위에 쓰인 제명 역시 프랑스어인데, 이 글의 후반부인 백년전쟁의 시기에 가서 설명할 기회가 있을 것이다. 문장 아래에는 책 서두에서 설명한 것처럼 'Dieu et mon Droit'라는 프랑스어 제명이 보인다. 해석은 '신과 나의 권리'라는 뜻인데 이 제명의 기원은 앞에서 소개한 사자심왕 리처드가 처음으로 사용했다는 설이 유력하다. 왕권신수설의 원조라고 할까? 사자심왕 리처드는 좋게 말하면 강력한 카리스마가 넘치는 기사형 군주의 표상이었고, 나쁘게 말하면 부왕 헨리 2세를 몰아내기 위해 모반을 꾀한 패륜형 군주였다. 호기가 넘쳤던 리처드는 십자군 원정에 참여했는데, 그의 용맹은 사라센의 영웅 살라딘도 감동시킬 정도였다. 그는 조상들이 물려준 노르망디를 지키려고 경쟁자인 존엄왕 필립과 대립했다. 하지만 그는 《삼국지》의 장비 같은 인물이었던 것 같다. 자신의 영지인 프랑스의 리무쟁 지방에서 고대 로마 시대의 황금 장식이 발견되자, 그 보물의 소유권이 자신에게 있다며 샬뤼Châlus 성으로 쳐들어갔다. 그러다가 전투 중에 석궁 화살을 맞았는데 상처가 감염되어 죽었다. 당시의 연대기 작가는 "리모주의 창이 영국의 사자를 쓰러뜨렸다(*Telum Limogiae occidit leonem Angliae*)"라고 리처드의 죽음에 대해 적었다. 그의 유해는 퐁트브로Fontevraud 수도원에, 심장은 생전에 그가 말하던 '충성의 도시' 루앙Rouen에 묻혔다. 그는 아버지에게 칼을 들이댄 '나쁜 자식', 형제의 왕위를 탐냈던 '나쁜 형제', 아내보다는 남자들에게 관심이 더 많았던 '나쁜 남편', 그리고 영국보다 프랑스와 성전에 더 관심이 많았던 '나쁜 국왕'이라는 평을 듣고 있지만 생전에 리처드의 인기는 대단했다. 리처드가 죽은 지 5년 만에 존엄왕 필립은 노르망디를 수복하는 데 성공한다.

샬뤼 성(프랑스 리무쟁 지방)의 폐허 속에 누워 있는 사자심왕 리처
드. 물론 가묘다. 이슬람의 영웅 살라딘도 칭송한 십자군의 영웅이
금붙이 하나 때문에 전투를 벌이다 비명횡사했다. 전설 속의 영웅들
이 부질없는 일에 휘말려 죽는 일이 가끔 있다. 사자심왕 리처드가
저런 곳에 누워 있다니….

라이벌은 물을 나눠 쓰는 경쟁자?

이 책에 등장하는 인물 중에서 최고의 라이벌을 꼽으라면 영국의 사자심왕 리처드와 프랑스의 존엄왕 필립일 것이다. 둘은 동년배였고, 십자군 원정도 함께 갔지만 노르망디의 종주권을 놓고 사사건건 부딪혔다. 영어의 rival과 arrive는 어원이 모두 같은 말들이다. 본래 rive라는 프랑스어는 '강둑'을 의미했는데 arrive은 '강둑에 배를 대다', 즉 '배를 타고 도착하다'라는 뜻이며, rival은 '강의 물을 함께 나눠 쓰는 사람'이란 뜻이다. 그러다 보니 자연스럽게 '경쟁자'라는 의미가 생겨났을 것이다. 리처드는 지나치게 용맹스러워 천수를 다 누리지 못했지만, 지략가인 필립은 노르망디를 비롯한 프랑스 내의 영국 땅들을 하나씩 수복하였다. 제갈공명 같은 스타일의 군주라고 할까….

사자심왕 리처드와 존엄왕 필립은 연인 사이?

필립 2세(존엄왕)는 리처드 1세(사자심왕)보다 여덟 살 아래였다. 리처드에게 필립은 영국 왕권을 차지하기 위한 후원자로, 필립에게 리처드는 프랑스 안에 많은 영지를 소유한 플랜태저넷 제국의 왕이자 좋은 파트너였다. 둘은 동년배답게 청년 시절부터 친했다고 한다. 리처드의 어머니는 필립의 아버지 루이 7세의 전처였던 아키텐의 알리에노르였다. 리처드가 아키텐의 공작이 된 해는 1169년, 그의 나이 12살 때였다. 그는 영어를 배울 생각도 없이 프랑스어만 사용했고, 죽을 때까지 영국보다 프랑스나 성지에서 많은 시간을 보냈다. 당대의 연대기 작가들은 리처드와 필립이 '한 침대'를 사용했다는 이유로 둘의 관계를 동성애의 관계로 몰아가기도 한다. 하지만 분명한 것은 알 수 없다. 필립이 기사형 군주의 전형이었던 리처드를 모범으로 삼았을 것은 분명했고, 프랑스 왕국의 패권을 신장시키기 위해 리처드와 정략적으로 가까워질 필요는 분명히 있었을 것이다. 이러한 둘의 관계는 리처드가 영국의 왕이 된 다음에 증오의 관계로 돌변한다. 리처드는 노르망디를 빼앗기지 않기 위해 노심초사했으며, 필립은 결지왕 존을 부추겨 형제간의 불화를 일으켰다. 결국 리처드가 1199년 죽고, 노르망디는 1204년 프랑스 왕국에 다시 귀속된다. 역사에서는 용기가 너무 앞서는 사람보다 꾀가 많은 사람이 이기는 법이다. 오른쪽에 붉은 망토를 걸친 사람이 사자심왕 리처드이다.

1215년, 존 왕 대헌장에 서명하다

존 왕의 별명은 결지왕인데 프랑스어로는 Jean sans Terre, 영어명은 John Lackland이다. 부왕인 헨리 2세로부터 영지를 물려받지 못하여 붙은 별명인데, 훗날 플랜태저넷 왕조의 고향 노르망디를 프랑스의 필립 2세에게 빼앗겼기 때문에 '실지왕'이라고도 불린다. 사실 존은 네 형제 중 막내라서 왕이 된다고 생각하지 않았을 것이다. 하지만 운명은 하늘만 아는 법이다. 맏형인 청년왕 헨리가 일찍 죽고, 형인 사자심왕 리처드가 십자군 원정길에서 돌아오다 볼모로 잡혀 있던 수년간은 왕위가 공석이 었으니 그에게는 왕이 될 수 있는 절호의 기회가 찾아온 것이다. 하지만 리처드가 어마어마한 몸값을 지불하고 풀려나는 바람에 그의 야망은 물거품이 되는 듯 보였다. 그렇지만 왕이라는 자리는 인간이 바란다고 되는 것도 아니고, 하기 싫다고 안 할 수도 없는 법이다. 형이 무모한 성격 탓에 세상을 떠나자 존은 왕이 되었다.

　서양사를 배울 때 성문 헌법의 효시라는 대헌장은 라틴어로 *Magna Carta*라고 한다. 즉 이 헌장은 라틴어로 작성되었다는 것을 알 수 있다. 윌리엄이 영국의 왕이 되고 공포한 '윌리엄 법'도 역시 라틴어로 공포되 었는데, 이 법이 영국에서 프랑스어로 번역된 것은 약 1세기가 지난 1150년 경으로 기록되어 있다. 그 기간 중에 헌장이나 법률에 사용되던 라틴어를 프랑스어가 잠식한 것을 알 수 있다. 다음은 라틴어로 기록된 윌리엄 법의 원문을 앙글로-노르망 방언으로 옮겨 놓은 것이다:

Leis de William

Cez sunt les leis e les custu;es que li reis William

grantad al pople de Engleterrem apres le cunquest

de la terre; iceles meimes que li reis Edward, sun

cusinm tint devant lui

(이 법은 영국 정복 후에, 윌리엄왕의 사촌이었던 선왕 에드워드 가 했던 것과 동일하게, 윌리엄 왕이 영국 백성들에게 부여하는 법령과 관습법이다)

11~12세기의 영국의 언어 지도를 살펴보면 라틴어는 법령과 헌장의 언어로, 프랑스어는 왕실의 구어 및 귀족들의 교양어로, 그리고 영어는 민중들의 구어로 사용되고 있었음을 알 수 있다. 하지만 영어는 문어와 문학어로는 그 어떤 지위도 차지하지 못한 채 홀대받고 있었다.

이렇듯 윌리엄의 정복이 있은 후 150년이 지난 뒤에도 영어는 라틴어와 프랑스어 사이에서 협공을 당하고 있었고, 14세기 말에 국민 시인 초서가 등장할 때까지 변변한 문학 작품을 찾아볼 수 없었다. 언어는 본래 사회 계층 간에 연결된 통로를 통해서 다음 세대에 전승된다. 영국에서 프랑스어는 지식층에서 전수되는 언어로 자리를 잡았지만, 그러한 통로를 상실한 영어는 사정이 달랐다. 영어의 경우, 문학어와 교양어로 위상을 확보하려면 우선 왕실의 언어로 자리를 잡는 것이 급선무였다.

드디어 사자가 세 마리로 늘었다. 결지왕 존이 형 사자심왕 리처드를 이어 즉위한 1198년부터 사용한 왕실 문장이다. 노르망디에서 가져온 두 마리에 프랑스 아키텐의 사자 한 마리가 더 늘었다. 이 문장은 현재 영국 왕실 문장에 그대로 사용되고 있다.

사랑을 얻고 제국을 잃다

헨리 2세에게는 모두 다섯 명의 왕자가 있었는데 막내인 존은 부왕으로부터 그 어떤 영지도 물려받지 못했다. 그래서 붙은 별명이 결지왕 존. 그런데 그에게는 어머니의 피가 더 많이 흘렀나 보다. 어머니 알리에노르가 루이 7세와 이혼을 하고 영국의 왕비가 된 것처럼, 존 왕도 아내인 글로스터의 이사벨과 이혼을 한 것이다. 존이 재혼을 생각하고 있던 여인은 또 다른 이사벨이었는데, 앙굴렘의 공작녀 이사벨이었다. 하지만 그녀는 이미 푸아투의 라마르슈 백작(위그 9세)과 약혼한 사이였다. 존 왕은 자신을 지지하던 다른 제후들의 반대에도 불구하고 이사벨과 결혼하지만, 약혼녀를 빼앗긴 위그 9세의 노여움은 뼈에 사무쳤다. 나중에 존 왕이 자신의 딸 잔Jeanne을 위그 9세의 아들 위그 10세에게 보내 주었지만 그는 결혼하지 않았다. 오히려 존 왕이 죽은 다음에 위그 10세는 아버지의 약혼녀이자, 존 왕의 미망인인 이사벨과 결혼한다. 이쯤 되면 촌수를 따지기도 힘들다. 서양 중세 사회의 일면일 뿐이다.

그렇다면 남의 약혼자를 빼앗은 존 왕은 어떻게 되었을까? 주군인 필립 2세(존엄왕)는 이 기회를 놓치지 않았다. 눈엣가시 같은 노르망디 공국을 수복할 절호의 기회였던 것이다. 필립 2세는 스캔들의 주인공 존 왕을 파리로 소환했으나 존 왕은 불응했다. 결국 존 왕은 노르망디를 비롯한 프랑스 왕국 내의 봉토를 몰수당하고 말았다. 사랑 때문이었을까? 하지만 연대기 작가들은 존 왕이 이사벨과 재혼한 이유를 다분히 정략적이라고 말한다. 만약 위그 9세가 이사벨과 결혼을 했다면 영국과 아키텐 사이에 강력한 제후국이 들어서기 때문에 이를 막기 위해서였다고 한다. 진실은 존 왕만이 알고 있을 것이다.

대헌장, 800년을 맞이하다

2015년은 영국의 존 왕이 대헌장에 서명한 지 꼭 800년이 되는 해였다. 대헌장은 전문 63조로 되어 있는데, 그 주요 항목은 왕의 과세권 제한, 자유민의 보증, 대헌장의 존중 등이다. 이것은 봉건 제후의 특권을 왕에게 재확인시킨 것으로서, 대헌장에 의해 왕권은 크게 제약받게 되었다. 영국 헌법의 바이블이라 말하는 〈마그나 카르타〉 중 제39조는 다음과 같다.

"어느 자유민도 그 동료의 합법적 재판에 의하거나 또는 국법에 의하지 않고는 체포·감금·압류·법외 방치 또는 추방되거나 기타 방법으로 침해당하지 않는다. 짐도 그렇게 하지 않으며, 그렇게 하도록 시키지도 않는다."

영국은 세계에서 최초로 국민의 주권, 물론 귀족의 권리를 보장한 것이지만, 어쨌든 전제 군주의 전횡에 제동을 걸 수 있는 장치를 문서화시킨 나라이다. 훗날 왕권신수설을 주장한 제임스 1세나 찰스 1세 같은 국왕은 〈마그나 카르타〉 자체를 취소하려는 움직임까지 보였지만 결국 찰스 1세는 크롬웰에 패하여 처형되고 만다.

대영 박물관에 소장된 대헌장 〈마그나 카르타
(Magna Carta)〉. 라틴어로 기록된 헌장에 결지왕
존이 서명한 해가 1215년, 2015년으로 꼭 800년
이 되었다. 당시 영국은 공공 문서에는 라틴어와
프랑스어를, 그리고 민중들은 영어를 사용하는 삼
중 언어 구조의 사회였다.

2015년은 결지왕 존이 대헌장에 서명한 지 800년이 되는 해였다. 첫 번째 그림은 존 왕이 대헌장에 서명하는 장면을 상상해서 그린 것인데, 왕의 표정이 우울해 보인다. 켄터베리 대주교로 보이는 성직자와 귀족 대표들이 무능한 왕에게 서명을 요구하고, 아니 강요하고 있는 것처럼 보인다. 위의 사진은 대헌장 서명 800주년 행사에 참석한 엘리자베스 2세 여왕의 모습이다. 존 왕은 정복왕 윌리엄의 5대손이다. 형 리처드가 요절하는 바람에 영국 왕실은 존 왕의 후손들이 왕위를 계승했다. 엘리자베스 여왕은 존 왕의 28대손이다. 시대가 바뀌어 귀족과 시민의 대표인 영국 총리의 자리가 여왕보다 더 커 보인다. 여왕의 부군 필립 공도 보이는데, 왕세자 찰스는 보이지 않고 왕세손 윌리엄이 보인다. 정복왕 윌리엄에서 시작된 영국 왕실은 다시 윌리엄으로 이어지고 있다.

☕ COFFEE BREAK

'How do you do?'는 프랑스식 인사말?

현대 프랑스어에는 "Comment allez-vous?"라는 인사말이 있다. 영어로 직역하면 "How do you go?"인데, 사실은 "안녕하세요?"라는 인사말이다. 이 인사말은 고대 프랑스어 시기에 "Comment faites-vous?"로 사용되었다. 이 말을 영어로 옮기면 바로 "How do you do?"가 된다. 수세기 동안 프랑스어의 지배를 받은 영어에 지금도 프랑스식 인사말이 남아 있다.

백년전쟁,
영어와
프랑스어의
전쟁

에드워드 1 세, 영국을 깨우다

앞에서도 설명한 바와 같이 노르만 왕조와 플랜태저넷 왕조의 왕들은 모국어로 프랑스어를 사용하고 있었다. 적어도 사자심왕 리처드까지는 영어를 한마디도 못하는 왕들이었다. 하기야 리처드는 영국보다는 아키텐을 비롯한 프랑스의 영지에 더 많은 관심을 가지고 있었고, 어머니 알리에노르가 순수한 프랑스인이었던 까닭에 프랑스어를 모국어로 구사했던 것은 당연한 결과였다.

결지왕 존의 손자인 에드워드 1세는 일상에서 영어를 사용하는 최초의 왕이었다. 비록 모국어는 프랑스어였지만 지배자와 피지배자가 같은 말을 사용해야 한다고 생각한 왕이었다. 그런 까닭에 노르만 왕들과 플랜태저넷 왕들의 이름이 순수한 프랑스식 이름이었던 것에 반하여, 그는 영어식 이름인 에드워드를 택했다. 참회왕 에드워드 이후 다시 영국식 이름이 왕명에 등장한 것이다.

'전국을 하나의 공동체로 통합한다.' 이것은 에드워드 1세의 또 하나의 비전이었다. 비록 정적이었지만 옥스포드 법령으로 권리를 보장받은 귀족과 모든 신민들을 하나의 공동체로 통합한다는 것이 그가 구상한 왕국의 밑그림이었다. 에드워드 1세는 시몽 드 몽포르 Simon de Montfort 가 프랑스 출신이면서도 지배 집단의 영어 사용을 강조한 점과 "모두가 영국인으로 하나가 되어야 한다"고 역설한 점을 이어받았다. 그의 선대인 존 왕과 헨리 3세는 프랑스의 영지를 대부분 잃었고, 본래 대륙 쪽에 더 가까웠던 영국 왕조는 좋든 싫든 영국에서 토착화를 모색해야만 했다. 그런 점에서 지배자와 피지배자가 같은 말을 쓰는 것은 매우 중요했다.

영국 왕은 리처드 1세 때까지만 해도 영어를 한마디도 못할 정도였으나, 에드워드 1세 이후로는 일상에서도 자연스레 영어를 쓰는 '영국인'이 되었다.

그의 조부인 결지왕 존은 조상 대대로 지켜 오던 노르망디를 프랑스의 필립 2세에게 빼앗겼지만, 에드워드 1세는 대륙의 영지보다는 브리튼 섬의 통일에 전력을 다한 왕이었다. 특히 그는 스코틀랜드를 병합하기 위해 몸소 출정에 나섰지만 그만 목숨을 잃고 만다. 그리고 자신이 이미 작성한 구절을 비명에 새기기를 바랐다.

"스코틀랜드인의 왕 에드워드 1세가 여기에 잠들고 있다. 약속을 지켜라!"

영어에서 의회는 Parliament라고 하는데, 이 말은 프랑스어 Parlement에서 유래했다. 프랑스어의 동사 parler '말하다'의 명사형이다, 즉 '토론이 이루어지는 장소'를 의미했다. 영국 의회는 에드워드 1세 때 생겨났는데, 처음의 의도는 신민의 저항을 무마시키기 위해서였다고 한다.

에드워드 1세는 일찍이 브리튼 섬만의 영국을 꿈꾸었던 군주였는지 모른다. 그리고 귀족과 민중들이 하나의 언어, 즉 영어를 사용하고 국가에 대한 정체성에 대해 밑그림을 그리고자 했던 최초의 군주였다. 하지만 그의 꿈은 손자인 에드워드 3세 때에 프랑스 왕권을 요구하며 일으킨 백년전쟁으로 혼란 속에 빠지고 만다. 그 후 영국이 국가적 정체성을 회복하는 데는 무려 100년이 더 걸렸다.

영국 왕 에드워드 1세가 프랑스 왕 필립 4세(미남왕)에게 신하의 예를 올리는 장면. 노르 망디의 첫 번째 수장 롤로가 프랑스 왕의 봉신이었으므로, 영국 왕은 프랑스 왕에게 충성의 서약(Hommage)을 바쳐야 했다. 15세기 프랑스의 화가 장 푸케(Jean Fouquet)의 작품이다. 필립 4세의 오른손에는 프랑스 왕실의 상징인 백합꽃 홀(忽) Sceptre, 왼손에는 손 모양의 '정의의 홀'이 보인다. 엄지손가락은 '왕', 검지는 '이성', 중지는 '자비' 그리고 나머지 두 손가락은 '신앙심'을 상징한다고 한다.

그림의 원제는 〈필립 4세에게 신하의 예를 드리는 에드워드 1세 (Hommage d'Edouard Iᵉʳ à Philippe le Bel)〉인데 오마주Hommage란 말은 지금처럼 유명 감독에게 바치는 경의의 표시가 아니라, 본래 중세의 봉신이 주군에게 바치는 충성의 서약을 의미했다. 윌리엄의 정복 이래 영국 왕은 프랑스 왕의 봉신이었으므로, 1년에 두 번, 즉 부활절과 성탄절에 파리에 가서 신하의 예를 갖춰야 했다. 물론 대제국을 이루었던 플랜태저넷의 일부 왕들은 자신의 영지가 프랑스 왕의 영지보다 넓었으므로, 이따금 이런 문안 인사를 하러 파리에 가고 싶지 않았을 것이다. 그림에서 보는 장면은 1286년에 있었던 오마주를 주제로 삼고 있다. 하지만 에드워드 1세는 주군인 프랑스 왕의 명령을 거부한 적도 있었다. 1294년 남프랑스의 가스코뉴에서 영국, 가스코뉴, 프랑스 해군의 충돌로 영국 해군이 프랑스 선박을 탈취하는 사건이 발생한다. 프랑스의 필립 4세는 에드워드 1세에게 파리에 와서 소명할 것을 명령했으나 에드워드 1세는 따르지 않았다. 그러자 필립 4세는 가스코뉴를 몰수한다. 중세에는 주군이 신하의 봉토나 재산을 몰수하는 것이 다반사였던 것처럼, 가스코뉴의 신민들은 하루아침에 자신들이 섬겨야 할 주군이 바뀐 것이다. 이러한 사건은 중세에 흔히 일어날 수 있는 정치적 행위의 결과였다.

왕권의 상징, 홀(笏)

사진에 보이는 홀이 영국 왕권의 상징인 십자가 홀(Sceptre with the Cross)이다. 리처드 1세(사자심왕) 때부터 왕권의 상징이 되었다. 새로 왕위에 오르는 영국 왕은 먼저 도유(塗油)의 의식을 치르고 대관식 예복을 입는다. 그리고 기사를 상징하는 박차, 검을 착용하고 스톨(어깨에 걸치는 긴 천)을 어깨에 두른다. 그런 다음에 홀을 흔든다. 새 국왕은 십자가 홀 이외에도 비둘기 홀도 쥐고 있다. 이 홀은 성령(Holy Ghost)을 의미한다. 사진에 보이는 십자가 홀에는 무려 530캐럿의 물방울 다이아몬드가 박혀 있다. 화려한 대영제국의 영화를 보는 것 같다. 필립 4세가 들고 있던 나뭇조각의 홀과는 비교가 안 된다.

에드워드 3세, 백년전쟁을 일으키다

플랜태저닛 왕조의 전반기는 헨리 2세와 그의 왕자들—사자심왕 리처드와 결지왕 존—이 주인공이었다면, 후반기는 에드워드 3세가 불세출의 영웅이었다. 물론 청년 시절의 영민함과 용맹은 노년기의 추문으로 상쇄되었지만, 14세기 후반기는 백년전쟁이 시작된 시기였으며, 그 전쟁의 중심에는 에드워드 3세가 있었다.

흔히 '백년전쟁'으로 알려진 이 전쟁은 사실 100년 이상 지속되었지만, 실제로 주요 전투가 벌어진 기간은 짧았으며, 영국군의 프랑스 영토 점령 기간은 지속적이기보다는 일시적인 경우가 많았다. 우리의 관심은 이 기간 동안 영국에서 프랑스어의 위상이 어떻게 변했는지, 나아가 영어가 어떤 과정을 거쳐 프랑스어를 밀어내고 지위어의 반열에 올랐는지 알아보는 것이다.

이 전쟁을 바라보는 두 나라 신민의 시각은 달랐다. 먼저 영국 입장에서 본다면 수백 년 간 지배층의 언어, 즉 프랑스어에 대한 반감이 컸을 것이며, 자신들의 군주가 프랑스 왕의 신하라는 사실에도 자존심이 상했을 것이다. 정복왕 윌리엄이 프랑스 왕의 봉신, 즉 노르망디 공이었다는 것은 두고두고 영국 왕의 발목을 잡는 족쇄와도 같았다. 그러던 차에 프랑스의 샤를 4세가 후사 없이 죽자 에드워드 3세는 자신이 샤를 4세의 조카라는 사실을 근거로 프랑스의 왕위를 요구하며 전쟁을 일으켰다. 이것이 겉으로 드러난 백년전쟁의 발발 원인이다.

그러나 곰곰이 이 전쟁의 특징에 대해 생각해 보자. 아직 국가에 대한 개념도 정립되어 있지 않았던 시절, 인구의 절대 다수를 차지하던 농민들은 오직 자신이 추수를 한 곡물을 누구에게 바쳐야 하는지, 그것이 관심사였다. 프랑스의 노르망디에 사는 농민은 아무리 노르망디가 프랑스 왕의 영지라고 해도, 자신이 섬겨야 할 바로 위의 주군만이 그의 관심사였다. 즉 내가 모시는 기사는 가깝고, 형식적으로 섬겨야 할 제후는 현실 밖의 인물이었다.

백년전쟁의 뿌리는 윌리엄의 영국 정복에서 시작되었지만, 그 갈등에 기름을 부은 사람들은 당시 유럽 양모 산업의 중심지였던 플랑드르 상인들이었다. 《영국사》의 저자 앙드레 모루아도 에드워드 3세가 자신이 남계(男系)를 우선시하는 게르만족의 살리카 법에 따라 왕위 청구권의 우선 순위자가 아니었음을 잘 알고 있었을 것으로 보고 있다.

에드워드가 1340년 프랑스 왕을 참칭한 것은 순전히 플랑드르 상인들의 요구에 의한 것이었다. 그런데 문제가 하나 생겼다. 프랑스 왕이 종주권을 행사하는 플랑드르에서 프랑스 왕에게 전쟁을 선포한다는 것은 어불성설이었다. 그래서 그들의 지도자 야콥 반 아르테벨데Jacob van Artevelde는 한 가지 계략을 꾸몄다. 영국 왕의 사자 문장에 프랑스 왕의

〈솜 강을 건너는 에드워드 3세〉, 벤자민 웨스트(1728-1820). 영국을 상징하는 사자 문양에 프랑스 왕의 상징인 백합꽃 문양이 선명히 보인다.

백합 문장을 함께 그려넣자고 에드워드 3세에게 제안한 것이다. 그러면 플랑드르에게 영국은 적국이 아니라 동맹국이 되는 것이고, 진정한 충성을 바쳐야 할 프랑스왕도 되는 것이다. 이제 진정한 프랑스 왕국의 주인이 누구인지가 논란의 핵심이 된 것이다.

난세에는 영웅이 난다고 했던가? 영국에서 양모를 수입하여 번성을 누리던 플랑드르 지방에 위기가 닥쳤다. 에드워드 3세가 양모 수출을 전면 금지한 것이다. 겐트의 영웅 야콥 반 아르테벨데(Jacob van Artevelde)는 에드워드 3세를 프랑스의 국왕으로 인정하여 나라의 위기를 모면했다. 강대국 사이에 낀 약속국의 설움이 느껴진다. 사진은 벨기에의 겐트 시 광장에 서 있는 아르테벨데의 동상.

백년전쟁은 지금처럼 국가 간에 일어났던 전쟁이 아니었다. 물론 당시에는 국가라는 개념도 없었다. 하지만 프랑스와 영국 간의 복잡한 역사적·정치적 문제들을 고려해 본다면, 특히 영국 왕이 프랑스의 봉신이라는 관점에서 보면, 이 전쟁은 프랑스의 정통 왕조와 영국에서 시작된 프랑스의 방계 왕조가 충돌한 내전처럼 보였다.

프랑스에 거주하던 프랑스 신민들의 시각에서 이 전쟁을 바라보자. 윌리엄의 영국 정복 이후, 이민족의 침입이 사라진 프랑스는 말 그대로 태평성대를 누리고 있었다. 그런데 바다 건너 영국 군대가 쳐들어와 국토를 유린하고 양민들을 학살하는 사태가 벌어진 것이다. 더욱더 놀라운 사실은 영국 국왕이 프랑스 왕을 참칭하고, 왕실 문장에도 프랑스 왕실의 상징인 백합 문양을 그려넣었다는 것이다. 게다가 영국 왕과 귀족들은 자신들처럼 프랑스어를 사용하고 있었다. 프랑스의 신민들은 처음에는 어리둥절했다. 하지만 전쟁의 참상을 겪으면서 서서히 국가에 대한

플랑드르 상인들의 제안에 의해서 에드워드 3세는 사자 문양의 영국 왕실 문장에 프랑스 왕실의 상징인 백합 문양을 그려넣었다. 이 문장을 통해 에드워드 3세는 영국 왕이자 동시에 프랑스 왕임을 주장하였다.

인식을 갖기에 이른다. 영국도 마찬가지였다. 월리엄 정복 이후 300년 이상 외국어인 프랑스어가 지배하는 조국의 현실에 염증을 느꼈을 것이다. 프랑스어를 사용하는 거만한 엘리트층 그리고 자신들의 국왕이 프랑스 왕에게 봉신의 예를 드리기 위해 파리를 가는 것도 못마땅했을 것이다. 이렇게 복잡한 상황 속에서 전쟁은 시작되었다.

왕은 하늘이 내린다

프랑스 필립 3세의 왕자로 태어난 이 사람은 장자가 아니었기 때문에 왕위에 오를 수 없었다. 그런데 어느 날 형인 필립 4세가 젊은 나이에 세상을 떠났다. 다음 번 왕위는 장조카인 루이 10세 (완고왕)에게 돌아갔다. 하지만 3년 만에 루이 10세가 세상을 떠나고, 다시 동생 필립 5세가 왕위에 올랐으나, 그 또한 단명하고 만다. 이번에는 막내 조카 샤를 4세가 왕이 되었으나, 생전에 왕자를 보지 못했다. 백년 전쟁의 빌미를 제공한 바로 그 왕이다. 카페 왕조의 직계가 끊어진 것이다. 큰집에서 적통을 이을 수 없게 되었으니, 이제는 작은집에서 적통을 이어야 한다. 이 사람의 아들인 필립 드 발루아가 왕에 오른다. 본인이 세상을 뜬 지 3년 뒤의 일이다. 이때부터 프랑스 왕조를 발루아 왕조라고 부른다. 이 사람의 이름은 샤를 드 발루아(1270~1325, Charles de Valois). 아버지가 왕, 형도 왕, 조카 3명도 왕, 본인도 라틴 제국의 사위, 그리고 아들도 왕이 되었다. 본인만 빼고….

적국의 언어, 프랑스어를 배워라

연대기 작가 프루아사르Jean Froissart는 에드워드 3세가 전쟁을 독려하기 위해 제후와 기사를 비롯한 왕국의 신민들에게 프랑스어의 습득을 독려하는 연설을 프랑스어로 했다고 적고 있다. 그가 프랑스어를 모국어로 사용하던 왕이었으므로 특별히 이상할 것은 없지만, 연설의 의도를 짚어 보기로 하자.

"Tout seigneur, baron, chevalier et honnestes homes de bonne villes messissent cure et dilligence de estruire et apprendre leurs enfatns le langhe françoise par quoy il en fuissent plus able et plus coustummier ens leurs gherres."

위의 프랑스어 연설을 해석하면 다음과 같다.

"모든 제후들, 봉신들, 기사들 그리고 도시의 신민들은 열과 성을 다해 자신들의 자녀에게 프랑스어를 가르쳐야 할 것이다. 왜냐하면 그래야만 이번 전쟁에서 상황에 맞춰 대응할 수 있기 때문이다."

사료를 통해 알려진 바와 같이 에드워드 3세의 모국어는 프랑스어였다. 하지만 그는 프랑스어만큼은 아니지만 영어도 구사할 수 있는 왕이었다. 조부 에드워드 1세 때부터 민중의 언어인 영어를 영국 왕도 배웠기 때문이다. 에드워드 3세가 신민들에게 프랑스어의 습득을 독려했던

1415년 프랑스 북부의 작은 마을 아쟁쿠르 근교에서 프랑스군과 영국군이 양국의 운명을 결정할 전투에서 조우했다. 전력은 중무장한 프랑스군이 절대적으로 우세했다. 하지만 이번에도 크레시 전투처럼 영국군은 장궁을 사용하는 궁수를 이용해 프랑스군을 궤멸시켰다. 프랑스군은 2만 명, 영국군은 6,000명에 불과했다. 중장비로 무장한 프랑스군의 참패였다. 역사에서 교훈을 얻지 못한 프랑스는 또다시 씁쓸한 패배를 맛봐야 했다. 사진은 존 길버트 경(Sir John Gilbert)의 〈아쟁쿠르 전투의 전 날 아침〉, 1884년의 작품이다.

이유는 다분히 정치적인 것이었다. 비록 자신이 프랑스 왕을 참칭했지만 프랑스 왕의 자격이 충분히 있다고는 생각하지 않았을 것이다. 사실, 그는 백년전쟁 이전, 가스코뉴 지방에서 프랑스 왕과 분쟁이 있었을 때 프랑스 국왕을 맹렬히 비난한 바 있다. 왜냐하면 프랑스 왕이 프랑스에 있는 영국 왕의 영지에서 영어를 말살하려고 했기 때문이다. 그런 사람이 이번에는 적국의 언어인 프랑스어를 배우라고 적극적으로 지원하고 나선 것이다. 그러한 모순적인 태도의 이면에는 영국 왕의 이율배반적인 언어 정책이 숨어 있었다. 즉, 정치적으로 프랑스를 이용할 때는 프랑스어를, 그리고 왕국 안의 결속력을 강화할 때는 영어의 수호자 역할을 자처했던 것이다. 예나 지금이나 정치인들의 발언과 정책에는 일관성이 없는 법이다. 실제로 헨리 5세(재위 1412~1422년)는 백년전쟁 중 점령한 프랑스 내 영지에 대한 권력을 유지하기 위해 프랑스어로 경의를 표하거나 연설하는 경우가 많았다. 그는 자신이 영국의 군주이면서 동시에 프랑스의 군주라는 사실을 언어로 입증하고 싶었던 것이다. 하지만 헨리 5세는 1415년에 아쟁쿠르Azincourt에서 대승을 거두고, 같은 해 런던에서 영어로 다섯 개의 포고령을 작성하여 런던 시민에게 호소하고 있다. 프랑스에서는 프랑스어로, 영국에서는 영어로 대중을 선동했던 것이다.

1340년, 에드워드 3세 프랑스어 서한을 필립 6세에게 보내다

1340년 7월 27일, 영국 왕 에드워드 3세는 프랑스 왕 필립 6세에게 다음과 같은 외교 서한을 프랑스어로 작성해서 보낸다.

"프랑스와 영국의 왕이자, 동시에 아일랜드 제후인 에드워드가 필립 발루아에게 : 오랜 기간 우리는 여러 경로와 메시지를 통해 (필립 발루아에게) 합리적인 방법으로 당신이 불법적으로 점령하고 있는 내 유산을 돌려달라고 설득한 바 있다. 우리는 당신이 불법으로 나의 영지를 점유하고 있다는 사실을 알고 있기에, 플랑드르의 통치자로서 이곳에 들어왔고 그리고 이 나라를 통과하였다. 우리는 예수 그리스도의 도움을 받았고, 우리가 가진 권리, 플랑드르 당국의 도움 그리고 아군과

연합군의 도움도 받았다. 우리는 당신이 불법으로 나의 소유지를 점령하고 있다고 생각하므로, 우리가 프랑스로 진격하기 전에 우리의 정당한 요구가 조속히 받아들여져야 한다는 데 이르렀다." (중략)

1340년이면 백년전쟁이 발발한 지 4년째되는 해이다. 잘 알려진 것처럼 백년전쟁은 지금의 벨기에 지방인 플랑드르의 지배권을 놓고 영국과 프랑스가 충돌하여 벌어진 전쟁이다. 본래 플랑드르는 영국으로부터 양모를 수입하여 모직을 만들어 산업이 번창한 지방이었는데, 역사적으로 프랑스 왕이 종주권을 행사하던 지방이었다. 그런데 영국이 양모의 수출을 중단해 버렸다. 플랑드르 지방의 종주권을 놓고 두 왕국이 부딪힌 것이다. 이에 대해 프랑스의 필립 6세는 영국 왕의 영지인 기엔Guyenne—지금의 아키텐 남부—을 몰수해 버렸다. 그러자 에드워드 3세는 자신이 프랑스 왕국의 적법한 계승자라고 자처하며 전쟁을 선언해 버렸다.

그런데 지금의 상식으로 보면 이해하기 어려운 부분이 몇 군데 보인다. 왜 영국 왕은 프랑스 왕위의 적통자임을 자처하였을까? 그리고 왜 에드워드 3세는 적국의 왕에게 영어가 아닌 프랑스어로 외교 서한을 작성해서 보냈을까?

먼저 에드워드 3세가 프랑스 왕위를 요구한 배경을 이해하려면 고대 게르만족의 율법인 살리카법(Lex Salica)에 대한 지식이 있어야 한다. 오직 남자만이 아버지의 토지를 물려받을 수 있게 만든 이 법은, 왕위 계승 시에도 그대로 적용되었다. 그런데 영국과 프랑스는 그 해석을 조금 다르게 했다. 에드워드 3세는 자신이 샤를 4세의 조카이고, 모친이 프랑스의 이사벨 왕비이므로 왕위 계승권이 있다고 주장했다. 살리카 법을

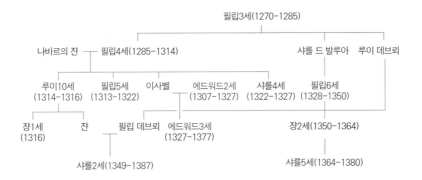

백년전쟁이 일어날 무렵(1337년)의 전후에 나타난 프랑스와 영국 왕들의 계보. 1327년 샤를 4세는 후사를 남기지 못하고 세상을 떠났다. 샤를 4세는 에드워드 3세의 외숙부에 해당된다. 하지만 프랑스 왕국은 필립 3세의 손자인 필립 드 발루아를 새 국왕으로 선출한다. 이로서 카페 왕조는 막을 내리고 방계인 발루아 왕조가 시작된다. 영국의 플랜태저넷 왕조와 카페 왕조, 그리고 새로운 발루아 왕조가 얽히고설켜 있다. 혼인을 통하여 유럽 왕실은 이렇게 하나로 묶여 있었다.

확대해석한 것이다. 하지만 프랑스 왕국의 입장에서는 가뜩이나 눈엣가시 같은 플랜태저넷 왕조의 왕에게 안방을 내줄 수는 없는 노릇이었다. 이후 역사를 살펴봐도 프랑스는 단 한 명의 여왕이 나오지 않았지만, 영국은 엘리자베스 1세, 빅토리아 여제 등을 비롯한 여왕들이 왕위를 계승한 것으로 보아, 백년전쟁 당시 양국의 주장에는 그 근거가 있어 보인다. 만약 에드워드 3세가 샤를 4세의 뒤를 이어 프랑스 왕에 올랐다면 카페 왕조는 막을 내리고 프랑스에서도 플랜태저넷 왕조가 시작되었을 것이다.

두 번째로 에드워드 3세가 백년전쟁 당시 프랑스어를 사용한 것은 지극히 전략적인 선택이었다. 물론 그는 영어보다 프랑스어에 능통했지만, 그 이면에는 자신이 프랑스 왕국의 적통을 이을 왕이라는 사실을 대외

중세 프랑스와 영국에서는 왕이 죽으면 성당이나 수도원에 횡와상을 만들어 안치했다. 이교도 풍습에서 유래한 이 장례법은 마치 고대 이집트의 미라를 연상시킨다. 실제로 죽은 왕의 신체 중에서 심장, 장기, 뼈 등을 여러 곳에 안치했는데, 각 성당마다 횡와상을 만들어 순례자들을 맞이하였다. 사진은 프랑스 왕위를 요구하며 백년전쟁을 일으킨 에드워드 3세의 모습인데, 웨스트민스터 사원에 있다. 망자의 얼굴은 대개 살아 있을 당시, 미소를 머금은 모습으로 묘사하지만, 말년에 애첩 앨리스의 치마폭에 감싸였던 에드워드의 평판은 좋지 못했다. 영국과 프랑스를 100년 이상 전쟁의 소용돌이에 빠지게 한 장본인이다.

적으로 공표하고 싶었을 것이다. 게다가 영어를 사용하는 영국 왕보다는 프랑스어를 모국어 수준으로 사용하는 영국 왕이 프랑스 왕위를 주장하는 것이 더 자연스럽게 보였을 것이다.

COFFEE BREAK

영어 단어 중 초성 'h'의 발음

•다음 단어 중에서 'h'가 초성에서 묵음인 영어 단어들은?

haker   hard   hall   hobby   Halloween

honest   handicap   honour   happening   hour

❂정답은 honest, honour, hour. 이 단어들의 어원은 프랑스어 *honnête, honneur, heure* 인데 프랑스어에서 라틴어 어원의 단어들은 초성의 'h'를 발음하지 않는다.

"사념(邪念)을 품은 자에게 화가 있으라!"

　백년전쟁이 한창이던 1348년 4월 23일 기사들의 수호신 성 조지의 날, 영국군이 점령하고 있는 프랑스의 칼레에서 무도회가 열리고 있었다. 2년 전에 크레시 전투에서 대승을 거둔 것을 자축하는 무도회였다. 백년전쟁의 당사자인 영국의 에드워드 3세와 그의 애첩 솔즈베리_{Salisbury} 백작 부인도 그 무도회를 즐기고 있었다. 그런데 백작 부인이 너무 흥에 겨워 춤을 춘 탓일까? 스타킹 대님을 그만 바닥에 흘리고 만 것이다. 춤을 추던 사람들은 속으로 웃으면서 왕의 반응을 주시했다. 에드워드 3세는 천천히 걸어 나오면서 바닥에 떨어진 대님을 주워 사람들을 향해 보이며 다음과 같이 소리쳤다.

　프랑스어를 모국어로 사용하던 왕이었으므로 그는 다음과 같이 말했다.

"Messieurs, honni soit qui mal y pense. Ceux qui rient maintenant seront tres honores d'en porter une semblable, car ce ruban sera mis en tel honneur que les railleurs eux-memes le chercheront avec empressement."

"신사 여러분, (이 대님을 보고) 사념을 품은 자에게 화(禍)가 있으라! 지금 비웃고 있는 사람들은 앞으로 이 대님과 비슷한 것을 착용하는 것을 명예롭게 생각할 것입니다. 왜냐하면 오늘 이 자리에서 비웃었던 사람들이 앞다투어 이 대님을 찾을 것이기 때문입니다."

이렇게 해서 대영제국 최고 훈장인 가터 훈장(Order of the Garter)이 탄생하게 되었다. 최고의 훈장 이름이 '대님' 훈장이라니 웃음이 나오지만, 이 훈장은 영국 왕실이 기사들에게 수여하는 최고의 훈장으로 군림하게 되었다. 가터 기사단은 25명의 기사들로 구성되어 있는데 영어로는 *Knigths Companion* 프랑스어로는 *Chevaliers Compagnons*이라고 부른다. 에드워드 7세 때 여성도 이 훈장을 받을 수 있게 바뀌었으며, 1987년 이래 25명의 기사 중에 여성도 뽑힐 수 있게 되었다.

아래의 문장에는 에드워드 3세가 제정한 가터 훈장의 제명인 *"Honi soit qui mal y pense!"*가 보인다. *Honi*는 고대 프랑스어인데 현대 프랑스어에는 남아 있지 않다. 영국 왕실에게 나쁜 마음을 가진 자는 벌을 받는다는 의미이다.

에드워드 3세의 가터 훈장 제명 앞에 보이는 '*Dieu et mon droit*'는 앞에서 이미 설명했는데, 일설에는 사자심왕 리처드가 한 말이라는 설

영국 왕실의 공식 문장에 최고 훈장인 가터 훈장의 제명인 *"Honi soit qui mal y pense!"* '사념을 품은 자에게 화가 있으라'라는 표현이 보인다.

도 있고, 정식으로 이 제명이 사용된 시기는 15세기 헨리 5세 때부터라
는 설도 있다. 어쨌든 현재 영국 왕실의 공식 문장에는 두 개의 프랑스
어 제명이 아직도 있는 것으로 보아, 영국 왕실에서 프랑스어가 차지하
고 있던 위상이 어떠했는지 짐작할 수 있는 부분이다.

다이아몬드 장식의 가터 훈장. 제명이 원 주위에 작은 글씨로 적혀 있다.

가터 훈장의 예복을 입은 엘리자베스 2세 여왕

쪽빛 망토에 깃털이 달린 검정모자를 쓰고 1년에 한 번씩 행진을 하는 가터 기사들. 영국 왕실의 최고 훈장을 받은 기사들답게 존엄함이 저절로 느껴진다. 망토 왼쪽 위에 가터 훈장의 문장이 선명히 보인다.

아버지가 ○○1세면 자식은 ○○2세

조선의 군주 앞에 붙은 시호들은 생전에 왕이 어떤 업적을 이루었느냐에 따라 붙지만, 서양의 경우는 철저히 아버지의 이름에서 비롯된다. 플랜태저넷의 시조 헨리 2세의 장남은 청년왕 헨리이고, 2남은 리처드, 4남은 존이었다. 즉, 장남은 아버지의 이름을 그대로 물려받는 방식이다. 예를 들어 에드워드2세는 에드워드 1세의 장남이 왕위를 물려받았음을 의미한다. 에드워드 3세도 마찬가지다. 에드워드 3세의 장남 흑태자도 '우드스톡의 에드워드'로 불리었다. 만약 그가 왕위를 계승했으면 에드워드 4세가 되었을 것이다. 하지만 흑태자는 왕위에 오르지 못하고 요절했기 때문에 그의 아들은 에드워드 4세가 되지 못하고 리처드 2세로 왕위에 오른다.

백년전쟁 중 언어의 변화

흔히 백년전쟁은 영국과 프랑스 간에 있었던 전쟁으로 100년 이상 지속되었으며, 잔다르크가 풍전등화의 조국 프랑스의 운명을 구한 전쟁으로 잘 알려져 있다. 1337년 전쟁이 개전될 당시의 영국 국왕은 에드워드 3세였는데, 그는 사망한 프랑스의 왕 샤를 4세의 조카였다. 에드워드 3세의 주장대로 그는 프랑스의 왕위 계승권자 중의 한 명이었다. 앞에서도 언급한 바와 같이 에드워드 3세의 모국어는 프랑스어였는데, 전쟁 중에 영국 국왕의 언어에 변화가 보이기 시작한다. 우리의 관심은 백년전쟁 기간 중에 영국 국왕들은 어떤 언어 정책을 고수했는지 몇 가지 사례를 통해 알아보는 것이다.

대륙의 프랑스 신민들의 눈에 비춰진 이 전쟁은 비정상적인 전쟁이었다. 프랑스 병사들은 적국의 국왕이 영어를 사용하지 않고 프랑스어를 사용하는 사실이 의아했을 것이다. 하지만 영국의 왕조가 프랑스에서 건너간 노르만 왕조라는 사실을 안다면 이상할 것도 없었다. 다만 지금의 상식으로 이해하기 힘든 것은 한 나라의 왕과 신민이 서로 다른 언어를 사용하고 있었다는 사실이다.

결론적으로 백년전쟁 당시 영국의 왕들은 초기에는 프랑스어를, 그리고 전쟁 중반 이후에는 영어를 사용하였다. 프랑스어를 모국어로 사용한 마지막 왕은 리처드 2세인데, 그는 백년전쟁 중반인 1399년 헨리 4세에 의해 유폐된 뒤에 처형되었고, 이후 왕위에 오른 헨리 4세는 영어를 모국어로 사용한 최초의 영국 왕이었다.

프랑스어를 모국어로 사용했던 에드워드 1세나 3세 같은 영국 왕들은 두 언어의 사용에 대해 이중적인 잣대를 적용했음을 알 수 있었다. 즉, 정치적으로 프랑스를 이용할 때는 프랑스어를, 그리고 왕국의 결속력을 강화할 때는 영어의 수호자 역할을 자처했다. 에드워드 3세는 전쟁 초기에 프랑스어의 습득을 독려하던 언어 정책을 펼쳤지만, 전쟁 종반에 헨리 5세는 영어 사용을 강조하며 국민의식을 일깨우려는 모습을 보였다.

백년전쟁 동안 프랑스어의 위상은 왕조의 교체에 따라 그 위상이 달라졌다. 먼저 플랜태저넷 왕조의 통치 기간 동안 프랑스어는 국왕의 모국어이자 왕령의 공식 언어였다. 그 후 백년전쟁 이전에 프랑스어는 라틴어가 가지고 있던 법령의 공식 언어 자리를 물려받았다. 에드워드 1세 (1272~1307년)는 최초로 라틴어 대신 프랑스어를 공식 입법 언어로 사용했으며, 13세기에서 14세기에 작성된 왕실의 문서도 프랑스어로 작성되었음을 확인할 수 있다. 그러므로 다음과 같이 프랑스어 위상의 변화를 정리할 수 있다. 즉, 에드워드 1세 전까지는 라틴어가 법령의 공식 언어이자 식자층의 통용어였지만, 이후 프랑스어가 라틴어의 자리를 대신하게 되었고, 프랑스어는 귀족들의 교양어로 확고한 위치를 굳히게 된다.

백년전쟁이 끝날 무렵 영국 왕에 오른 헨리 5세는 무능한 샤를 6세의 시위가 되어 프랑스 왕위도 확보했지만, 그는 이전의 왕들과는 달리 영어를 처음으로 공식 석상에서 사용한 왕이었다. 이제 프랑스어의 시대는 저물어가고 영어가 영국 왕들의 공식 언어로 자리를 잡게 된 것이다.

결론적으로 백년전쟁은 프랑스어와 영어의 위상 정립에 결정적인 역할을 했다. 두 언어가 함께 보낸 수백 년 동안의 동거는 끝이 나고, 백년전쟁을 계기로 각자는 자신의 길을 가게 된 것이다. 영국 입장에서 보면 이제는 자신들이 프랑스어를 사용해야 할 이유를 더 이상 찾지 못했으며, 프랑스에서는 자국 내의 영국 흔적을 모두 지워 버리고 싶었을 것이고, 실제로 전쟁이 끝나자 영국과 영어의 흔적은 프랑스어에서 사라졌다. 마찬가지로 영국 입장에서도 이제는 자신들의 모국어인 영어에 관심을 기울이게 되었고, 이러한 관심은 초서Chaucer 같은 국민 시인의 등장과, 신흥 부르주와 계층의 성장으로 이어졌다.

전쟁에서 살아남으려면 적군의 언어를 배워라

백년전쟁은 말 그대로 영국과 프랑스 사이에 벌어진 전쟁으로 1337년부터 1453년까지 무려 116년 동안 지속되었다. 그러나 전쟁의 양상은 두 진영의 군대가 점령지에 주둔하는 방식처럼 매우 점진적으로 지속되고 있었다. 다시 말해 영국군이 점령한 프랑스 지역은 영국 왕의 통치를 받는 지역으로 바뀌게 된다.

아직 국가에 대한 정체성이 확립되지 않았던 중세에는 자신들이 섬겨야 할 주군이 중요했을 뿐, 자신이 영국 왕을 섬기느냐 혹은 프랑스 왕을 섬기느냐 하는 문제는 중요하지 않았다. 하지만 전쟁의 당사자인 일반 병사들은 다른 문제를 가지고 있었다. 전쟁에서 적과 아군의 구분은 외모가 아닌 언어로 구분되었기 때문이다.

프루아사르 같은 연대기 작가들은 전쟁 중에 피아를 제대로 구분하지 못해 포로로 잡힌 영국 기사들의 에피소드를 다음과 같이 적고 있다.

> 두 명의 피카르 기사들이 길에서 독일 기사와 랭커스터 공작을 만났다. 그런데 그들은 상대방의 국적에 대해 전혀 아는 바가 없었다. 즉, 적인지 아군인지 알 수 없는 것이다. 피카르 기사들은 기지를 발휘한다. 그들은 말하길, "저들이 만약 독일이나 영국 기사들이면 저들의 말로 말을 걸어 보자!" 그들과의 거리가 가까워지자 피카르 기사 중에 독일어를 잘 하는 기사가 그들을 안심시켜 적들을 포로로 잡았다.

프루아사르가 기록한 다른 에피소드를 보자. 백년전쟁 중 스페인의 라바다비아Ribadavia를 점령한 영국군의 이야기다. 영국군은 프랑스어를 이해하고 있었음에도 불구하고 모른 척하고 있다.

갈리스인들(북부 스페인)이 프랑스어로 영국군에게 소리쳤다 : "항복합니다!" 그러자 영국군들은 다음과 같이 말했다 : "이놈들 뭐라고 하는 거야? 우리가 '감사합니다'라고 맞이해 줄지 아나? 우리는 스페인어 할 줄 모른다. 우리가 너희들의 말을 이해하길 바라면 올바른 프랑스어나 영어로 말해!"

위의 에피소드는 전쟁 중에 흔히 볼 수 있는데, 상대방의 언어를 이해하고 있음에도 불구하고 모른 척하면서 적들을 난처한 입장에 빠뜨리는 경우이다. 백년전쟁은 프랑스어와 영어를 사용하는 두 나라의 전쟁이었기 때문에 언어에 따라 피아가 구분되었다. 자신과 같은 언어를 사용하는 사람이 아군이고, 그 반대는 적으로 간주했던 것이다. 하지만 배신자들은 항상 있는 법이다. 프랑스군은 프랑스에 우호적인 웨일스의 오웬 Yvain de Galles(영어명 Owain of the Red Hand)의 죽음을 매우 애도했는데, 그는 영국 왕이 보낸 웨일스 조마사의 계략으로 죽음을 당했기 때문이다. 그 조마사는 프랑스어와 웨일스어를 유창하게 구사하였는데, 그것을 빌미로 오웬에게 접근하여 그를 암살했던 것이다.

영국 왕과 귀족은 프랑스어를 구사하거나 이해하니까 그래도 전쟁 중에 오해를 받아 목숨을 잃을 염려는 없었다. 하지만 일반 병사들의 경우는 달랐다. 시골 출신의 병사들은 적국의 언어인 프랑스어에 대해 아는 것이 전혀 없었기 때문이다. 그러므로 말 그대로 목숨을 내놓고 전장에 뛰어들어야 했다. 예를 들어 궁지에 몰린 두 영국 병사는 프랑스어로 "Ren-toy ! Ren-toy!"라고 외쳤는데 그들은 자신들이 외치는 말의 의미를 전혀 몰랐던 것이다. 왜냐하면 궁지에 몰린 병사는 '항복한다!'라는 말을 해야 하는데 영국 병사들은 '항복해라!'라는 명령문으로 말했으니 상황에 전혀 맞지 않은 표현이었던 것이다. 하지만 그들은 프랑스어를 말할 줄 아는 다른 병사의 도움으로 목숨을 건질 수 있었다.

전쟁은 기득권층이 명분을 내세워 벌이지만 그 와중에 목숨을 잃는 사람들은 민초들이다. 게다가 적장들이 자신들의 언어를 사용하는 황당한 상황에서 벌어진 백년전쟁은 양국의 민초들에게는 더욱더 이상한 전쟁이었을 것이다. 단기간에 끝나는 현대전과는 달리 100여 년 이상 지속된 이 전쟁은 점령지를 뺏고 뺏기는 전쟁이 아니라, 통치권자가 바뀌면 그 상태로 수십 년 지속되는 지리한 전쟁이었다. 그 와중에 어떤 언어를 사용할지는 순전히 약자들의 선택이었다.

에드워드 3세, 칼레 시민에게 영어로 연설을 하다

백년전쟁의 당사자인 영국의 에드워드 3세는 전쟁 시작 10년 만에 크레시Crécy에서 대승을 거두게 된다. 그는 여세를 몰아 영국과 마주 보고 있는 대서양의 칼레Calais 시를 공격한다. 영국 입장에서는 칼레 시를 수중에 넣어야 도버 해협의 해상권을 장악할 수 있었기 때문이다. 하지만 불로뉴 백작이 축조한 칼레 시의 외성은 철옹성이었다. 시민들이 필사적으로 영국군의 공격에 저항을 한 것이다. 그렇지만 1년간의 저항도 성 안의 식량이 바닥을 드러내자 그 종말을 고하고 만다. 시민 대표들은 에드워드 3세에게 항복을 하겠다는 전갈을 보낸다. 하지만 에드워드 3세는 감히 자신에게 반기를 들고 저항한 칼레 시민들을 살려 주기가 싫었다. 그는 조건을 하나 내걸었다. 칼레 시민들을 살려 주기는 하겠지만, 그 대신 시를 대표하는 유지 여섯 명의 목숨을 조건으로 내걸었다. 단지 여섯 명이 자신을 희생하면 수천 명의 칼레 시민들은 목숨을 부지할 수 있게 된 것이다.

이럴 경우, 한국 같으면 권력을 가진 기득권층들이 절대로 시민들을 위해 나서지 않겠지만, 칼레 시민의 경우는 달랐다. 시에서 가장 부유한 외스타슈 드 생 피에르Eustache de Saint Pierre가 스스로 나선 것이다. 그의 희생정신에 감동을 한 다른 유지들도 앞다투어 자원을 했다. 그런데 그 수가 일곱 명이 되어 버렸다. 한 사람은 목숨을 건질 수 있게 된 것이다. 그러자 다음 날 가장 늦게 나오는 사람은 목숨을 보전하게 해 주자는 제안이 나왔다. 이윽고 다음날, 여섯 명의 시민 대표가 모두 광장에 모였는데 드 생 피에르의 모습만 보이지 않았다. 사람들은 수군거리기 시작했다. 목숨을 부지하기 위해 안 나온 것이라고. 하지만 드 생 피에르의 집에 가본 시민들은 깜짝 놀라지 않을 수 없었다. 드 생 피에르가 이미 스스로 목숨을 끊은 것이다.

'생즉사 사즉생'이라고 했던가? 에드워드 3세의 면전에 불려 나온 칼레의 시민들은 이제 왕의 명령만 떨어지면 교수대에 매달릴 운명이었다. 그러나 당시 임신을 하고 있던 왕비 필리파는 뱃속의 아이를 위해서 시민들의 목숨만을 살려 주자고 왕에게 간청한다. 결국 에드워드 3세는 왕비의 청을 들어주었다. 이 사건에서 유래한 프랑스어 금언이 바로 '노블레스 오블리주Noblesse oblige'이다. 직역하면 "귀족은 귀족답게 행동해야 한다", 즉 "기득권층은 모범을 보여야 한다"라는 의미로 해석하면 될 것이다.

그렇다면 칼레 시민들의 항복을 받은 에드워드 3세는 어떤 말로 시민들에게 연설을 했을까? 앞에서도 언급한 것처럼 영국의 국왕 에드워드 3세의 모국어는 프랑스어였다. 전쟁 초기에 영국의 신민에게 프랑스어의 습득을 장려하며 전쟁을 승리로 이끌어야 한다고 주장하던 사람이 아니었던가? 칼레 시에 입성한 에드워드 3세가 시민들로 가득한 광장에 나타났다. 칼레 시민들은 영국 국왕이 자신들과 같은 언어를 사용한다는 사실을 알고 있었다.

칼레의 시민들 앞에 나타난 에드워드 3세에 대해 연대기 작가 프루아사르는 다음과 같이 적고 있다.

> "왕은 칼레의 시민들을 매우 이상한 표정으로 내려 보았다. 왜냐하면 (칼레시민이 저항했기 때문에) 왕의 마음이 매우 언짢았기 때문이다. 왕은 말을 잇지 못했다. 마침내 그는 즉흥적으로 연설을 하기 시작했는데 (그의 모국어인 프랑스어가 아닌) 영어로 말을 하기 시작했다."

연대기 작가들은 이 장면을 다음과 같이 해석한다. 에드워드 3세는, 비록 자신의 모국어가 프랑스어였지만, 적국인 프랑스인들과 같은 언어를 사용한다는 사실을 인정하고 싶지 않았을 것이라고. 전쟁 전에는 프랑스어의 습득을 강조하던 사람이, 자신에게 반기를 든 프랑스인들과 그들의 언어는 용납할 수 없었던 것이다.

잔다르크가 말한 Godon은 무슨 말?

기록에 따르면 잔다르크는 백년전쟁 기간 중에 Godon이란 영어 표현을 최소한 두 번 사용했다고 한다. 한 번은 오를레앙에서, 또 한 번은 루앙에서 이 표현을 썼는데 그 의미는 무엇일까? 이 표현의 의미는 영어로 "제기랄!"을 의미하는 "Goddemm!"을 프랑스어로 바꾼 뜻이라고 한다. 백년전쟁 기간 중에 프랑스군이 영국군을 부르던 대표적인 비하 표현이었다.

로댕의 작품, 〈칼레의 시민들〉(원제는 Les bourgeois de Calais). 목에 밧줄을 걸고 교수대를 향해 걷고 있는 칼레의 시민들. 칼레 시민들은 결연한 의지가 잘 드러난 인물을 로댕에게 요구했지만 로댕은 죽음을 앞둔 인간의 처절한 내면세계를 작품에 표현하였다. 사진은 영국 의회 앞에 세워진 작품이다. "적이지만 용감했다!"라고 영국인들도 인정했던 것일까?

리처드 2세, 프랑스어를 모국어로 사용한 마지막 왕

리처드 2세는 1367년 프랑스의 보르도에서 태어났다. 아버지는 우드 스톡 에드워드, 흔히 흑태자로 잘 알려져 있고, 에드워드 3세의 손자이 다. 1367년이면 백년전쟁 기간 중인데, 이때는 보르도, 즉 아키텐 지방 을 영국이 소유하고 있었던 시기였다. 일설에는 리처드 2세가 태어났을 때 스페인, 포르투갈 그리고 나바르(프랑스의 남부 피레네 지방)의 왕들이 하례를 하러 왔다고 한다. 예수의 탄생을 축하하기 위해 온 세 명의 동 방박사를 연상시킨다.

타고난 무골인 할아버지 에드워드 3세와는 달리 손자인 리처드 2세 는 말년의 폭정을 제외하면 예술에도 조예가 깊은 왕이었다. 열 살의 어 린 나이에 왕위에 올라, 숙부인 랭커스터 공의 섭정에서 벗어난 리처드 2세는 와트 타일러 농민 반란으로 인해 위기를 맞기도 했으나, 회유와 술책으로 다시 왕권을 안정시켰다.

리처드 2세는 모국어로 프랑스어를 사용한 플랜태저넷 왕조의 마지막 왕이었다. 말년에 지나친 왕권의 강화와 귀족 계급의 탄압으로 왕위를 빼앗겼던 리처드 2세는 신하들에게 프랑스식 호칭을 강요하기도 했다. 이러한 호칭들은 왕을 2인칭으로 부르지 않고 3인칭 존칭으로 표현하 는 것들이었다. 예를 들어 '전하'를 의미하는 'your highness'는 프랑스 어 'votre grandeur'에서, 'your royal majesty'는 'votre majesté royal' 에서 유래한 표현들이다. 이러한 표현은 리처드 2세가 프랑스계 왕조인 플랜태저넷 왕조의 왕이라는 사실 외에도, 그가 태어났던 아키텐과 아 버지 흑태자의 프랑스 문화 편향에서 비롯된 것이다.

조부인 에드워드 3세가 1377년 죽자 리처드 2세는 명실상부한 프 랑스와 영국의 왕임을 알리는 왕실 문양을 사용한다. 그리고 1380 년 참회왕 에드워드의 십자가 문양도 왼쪽에 첨가한다. 다섯 마리 의 티티새도 보인다. 아마도 독실한 신앙심을 가졌던 참회왕 에드 워드를 본받기 위함이 아니었을까?

헨리 4세, 영어를 모국어로 사용한 최초의 왕

　서양에서 아들이 아버지의 왕위를 계승할 경우, 장남에게 왕위가 승 계되기 때문에 아버지의 이름을 그대로 사용하게 된다. 에드워드 2세의 장남이 왕위를 승계한 경우 에드워드 3세가 된다. 하지만 방계 후손이 왕위를 물려받으면 다른 이름을 채택하는 것이 전통이다. 리처드 2세에 이어 왕위에 오른 헨리 4세도 그가 리처드 2세의 자식이 아닌 다른 친 족 관계에 있던 왕족이었음을 알 수 있다.

　먼저 헨리 4세가 왕위에 오른 과정을 알기 위해서는 백년전쟁의 당사 자인 에드워드 3세의 가계도를 알아야 한다. 에드워드 3세에게는 모두 4

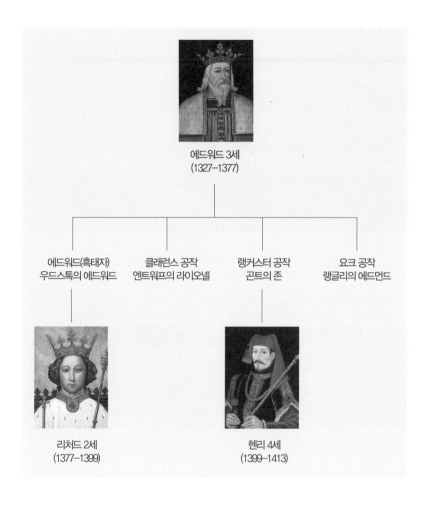

에드워드 3세
(1327–1377)

에드워드(흑태자)
우드스톡의 에드워드

클래런스 공작
엔트워프의 라이오넬

랭커스터 공작
곤트의 존

요크 공작
랭글리의 에드먼드

리처드 2세
(1377–1399)

헨리 4세
(1399–1413)

명의 왕자가 있었는데, 그중에서도 백년전쟁에 함께 출정한 장남 에드워드, 일명 흑태자가 단연 군계일학의 왕자였다. 1346년 크레시 전투에서 불과 16살의 나이에 혁혁한 전과를 올린 흑태자는 이후 광활한 아키텐의 궁정을 거처로 호사스러운 생활에 탐닉한다. 이때 태어난 왕자가 훗날 할아버지 에드워드 3세의 뒤를 이어 리처드 2세로 등극하게 된다. 다시 말해 모국어가 프랑스어였던 에드워드 3세의 장남인 흑태자 역시 프랑스의 아키텐에서 많은 시간을 보냈고, 그의 아들 리처드 2세 역시 프랑스어를 구사하는 왕이었다.

그러나 흑태자는 스페인 원정길에서 얻은 이질로 오랜 기간 고생하다 결국 세상을 떠나고 만다. 나이 어린 리처드 2세는 비록 왕위에 올랐지

1346년 크레시에서 벌어진 전투에서 프랑스의 필립 6세는 영국의 에드워드 3세에게 완패를 당한다. 왼쪽 진영의 군기에는 프랑스 왕조를 상징하는 백합 문양이 보이고, 오른쪽 영국 진영에는 영국의 상징 사자와 백합이 동시에 그려진 군기가 보인다. 이 전투에서 에드워드 3세의 아들 우드스톡 에드워드(흑태자)는 결정적인 전과를 올린다. 영국 궁사들이 사용하는 장궁(長弓) 덕분으로 영국군은 프랑스의 기사들을 궤멸시킬 수 있었다(프루아사르 연대기).

만, 정적이자 숙부인 랭커스터 공작(곤트의 존)을 견제하지 않을 수 없었다. 이후 숙부가 죽은 후 리처드 2세는 그의 모든 영지를 몰수하고 사촌인 헨리 볼링브로크 Henry Bolingbroke 를 프랑스로 추방한다. 하지만 이후 프랑스에서 몰래 귀국한 헨리 볼링브로크는 1399년 리처드를 폐위하고 스스로 왕위에 올라 헨리 4세가 된다.

영국과 프랑스의 왕위 계승 과정을 추적하다 보면 백년전쟁 당시 양국의 복잡한 관계가 실타래처럼 얽혀 있음을 알 수 있다. 에드워드 3세의 왕자들 중에서 장남 흑태자는 프랑스의 아키텐에 정주했기 때문에 프랑스풍의 궁정 생활에 익숙해져 있었지만, 곤트 공이었던 존은 영어가 더 익숙한 지방의 공작이었던 만큼 영어권에서 성장했다. 그런 까닭에 그의 아들 헨리 볼링브로크, 즉 훗날의 헨리 4세가 영어를 사용하는 최초의 영국 왕이라는 사실에는 이론의 여지가 없어 보인다.

COFFEE BREAK

흑태자는 검은 갑옷을 입었다?

흑태자는 에드워드 3세의 장남이다. 에드워드 우드스톡이라고 불린다. 어린 시절부터 무예에 능했던 그는 백년전쟁이 한창일 무렵 16살의 나이로 크레시 전투에서 프랑스군을 궤멸시키는 데 큰 공을 세운다. 일설에는 검은색 갑옷을 입고 전장에 나섰다고 해서 흑태자란 별명이 생겼다고 한다. 그러나 그런 별명은 그가 죽은 지 2세기 뒤에 한 연대기 작가가 붙였다고 한다.

또 다른 설에 따르면 그가 전장에서 보여 준 흉폭함 때문에 흑태자란 별명이 생겼다고 한다.

크레시 전투에서 승리를 거둔 흑태자는 그날 밤 부상당한 프랑스 병사들을 모두 학살하라는 명령을 내린다. 온전하지 못한 병사들은 몸값을 받을 수 없다는 것이 이유였다. 학살은 다음 날도 계속되었다. 아침에 도착한 의용민병대를 모조리 죽인 것이다. 사진은 켄터베리 대성당에 누워 있는 흑태자의 횡와상이다. 프랑스 왕을 상징하는 백합꽃과 영국의 상징인 세 마리의 사자가 보인다. 생전에 저지른 대학살을 참회하기 위해 두 손을 모아 기도하는 것은 아닐지….

프랑스어의 몰락

자연 언어는 주변의 사회적 환경에 따라 진화하기도 하고 또는 사라지기도 한다. 이 책에서 자주 언급된 앙글로-노르망 방언도 같은 운명을 맞이했다고 학자들은 지적한다. 그렇다면 프랑스어의 운명을 결정한 요인들은 무엇이었을까? 1066년 정복자들의 언어로 들어온 프랑스어가 3세기 이상 영국에서 왕실의 언어, 법령의 공식 언어, 사법부의 언어, 그리고 교양 언어로서 군림했던 자리를 영어에게 물려준 이유에 대해 살펴보기로 하자.

첫 번째는 15세기 무렵 영국 사회에 등장하기 시작한 신흥 중산층을 프랑스어 몰락의 원인으로 꼽을 수 있다. 대표적인 예로 시인 초서 Chaucer 같이 14세기 말의 영국 중산층을 대표하는 인물을 꼽을 수 있다.

본래 초서의 조부는 런던에 정착한 포도주 도매업자였는데, 초서는 무역일로 왕실 관리를 따라 자주 플랑드르 지방에 가곤했다. 그는 왕실의 회계 업무 등을 도와주며 자연스럽게 왕실과 가까워질 수 있었을 것이다. 비록 초서는 기사 계급이 아니었지만 그의 아들 토마스는 작위를 수여받아 명실상부한 부르주아 계층의 일원이 되었다. 이렇게 등장한 신흥 부르주아 계급은 라틴어와 프랑스어로 된 작품을 이해하는 것은 물론, 자신들의 모국어인 영어에도 특별한 애정을 보이게 되었다.

두 번째 이유는 14세기 영국을 휩쓸고 지나간 흑사병의 영향을 꼽을 수 있다. 1348년 영국에서 처음으로 발병한 흑사병은 인구의 1/3을 앗아갔다. 급감한 농민들은 노동 시장의 붕괴를 가져왔으며, 의식이 있는 농민들은 노동력이 감소한 만큼 자신들의 임금을 더 요구하였다. 그 결과 폭동이 일어났고, 그들이 요구하는 모든 요구 사항들은 지배층의 언어인 프랑스어가 아니라 영어로 작성되었다. 그들은 지주들이 말하는 프랑스어를 믿지 않았고, 모든 요구를 영어로만 했던 것이다. 이제 영어는 진정한 농민을 대변하는 언어가 된 것이다.

세 번째 이유는 앞에서 설명한 백년전쟁을 프랑스어 몰락의 원인으로 들 수 있다. 초기에 전쟁은 프랑스어를 사용하는 두 왕실의 내전 양상으로 전개되었으나, 시간이 흐르면서 양 진영에서, 특히 영국 진영에서는 국가 의식이 싹트게 되었다. 그러한 변화의 흐름을 가장 잘 보여 주는 것이 영어 위상의 변화를 들 수 있다. 1350년 영국의 소학교에서 프랑스어 문법은 더 이상 가르치지 않게 되었으며, 1362년 영국 의회는 법정에서 변론을 할 때 오직 영어만을 사용할 것을 의무화시켰고(Statue of Pleading), 같은 해 의회에서 영어는 공식 언어의 지위를 획득하였다. 그리고

1442년 영국에서는 행정 분야에서 사용하는 언어를 프랑스어에서 영어로 교체하게 된다. 하지만 법원에서는 17세기까지 프랑스어가 사용되어 사회적 흐름에 역행을 하기도 했다.

COFFEE BREAK

켄터베리 이야기

He knew the cause *of everich* maladye,

Were it of hoot or cold, or moyste *or drye,*

And where the engendred *and of what* humour,

He was a verray parfit praktisour...

(그는 모든 <u>병</u>의 <u>원인</u>을 알고 있네,

더위, 추위, 습하거나 건조한 날씨,

그는 병이 어디에서 <u>생기는지</u>, 그리고 어떤 <u>기분</u>인지

알고 있네. 그는 정말 <u>완벽한 의사</u>…)

영어의 부활을 알리는 국민 시인 초서 Chaucer는 구두제화공을 의미하는 프랑스어 Chausseur에서 유래한 성이다. 그 전까지 문학어로 대접을 받지 못하던 영어의 위상을 끌어 올린 위대한 시인이다. 위에 소개한 《켄터베리 이야기》 서문의 구절 중에서 고딕체 단어(번역은 밑줄 친 단어)는 여전히 프랑스어들이다. 현대 프랑스어들과 비교해 보자. 괄호

안의 단어는 현대 프랑스어이다 ;

cause(cause: 원인), maladye(maladie: 병), moyste(moite: 습한),

engendred(engendrer: 낳다) humour(humeur: 기분), verray(vrai : 진실

의), parfit(parfait: 완벽한), praktisour(의사).

윌리엄, 영어를 살리다

중세 영국인들에게 윌리엄이란 이름은 영어 발달에 단절을 가져온 정복자의 이름이다. 하지만 영어는 약 300년 후에 또 다른 윌리엄에 의해 부활하는 계기를 맞이한다. 그의 이름은 윌리엄 캑스턴William Caxton. 런던 남동부의 켄트Kent에서 태어난 캑스턴은 당시 북서유럽에서 가장 상업 활동이 활발했던 플랑드르(지금의 벨기에)의 브뤼헤Brugge에서 영국 왕실의 대표로서 무역업에 종사하고 있었다. 캑스턴은 에드워드 4세의 명을 받아 당시 인쇄술의 메카였던 독일의 쾰른을 방문했는데, 그곳에서 인쇄술의 새로운 가능성에 깊은 관심을 가지게 된다. 그는 1472년에 브뤼헤로 돌아가 독일에서 가져온 인쇄 기계로 최초의 영어 인쇄본을 찍게 된다. 1066년 윌리엄의 정복 이전에 필사본으로 기록되었던 영어가 이제는 활자본으로 세상에 다시 나온 것이다. 윌리엄의 정복이 있은 지 정확히 307년째 되던 해였다.

그가 브뤼헤에서 찍은 책은 프랑스 작가 라울 르페브르Raoul Lefèvre가 쓴 《트루아 역사집(Recueil des histoires de Troie)》의 영어 번역본이었는

웨스트민스터 수도원에서 영어로 인쇄한 견본을 에드워드 4세에게 보여 주는 캑스턴.
다니엘 맥리즈(Daniel Maclise)의 유화(1851년).

데, 이 작품은 중세 기사도에 관한 연애담이었다. 300년 이상 문학 언어의 지위를 상실한 영어가 변변한 문학 작품을 가질 수 없었기에 프랑스어 원전을 번역한 작품을 인쇄했을 것이다. 그는 영어 제목을 《Recuyell of the Historyes of Troye》라고 번역했는데, 모음집을 의미하는 프랑스어 Recueil를 그대로 영어 Recuyell로 번역한 것으로 보아, 그때까지 영어는 아직도 프랑스어의 영향에서 완전히 벗어나지 못한 것처럼 보인다.

캑스턴이 영어의 부활에 공헌한 점은 그가 인쇄 기술을 도입하여 프랑스어 작품의 영어 번역본을 최초로 간행했다는 사실 이 외에도, 초서 Chaucer 와 동시대의 작가들이 영어로 쓴 작품들도 출판했다는 것이다. 그는 브뤼헤에서 런던으로 돌아온 1477년에 영어 부활의 신호탄을 올린 초서의 《켄터베리 이야기》도 활자본으로 출판하였다. 그가 출판에 사용한 영어는 왕국의 수도인 런던과 자신의 고향인 켄트(런던의 남동 지방) 지방의 방언이었는데, 훗날 이 방언들이 영어의 표준어가 되었다. 일찍이 파리 근교의 방언이 왕국의 표준어로 자리를 잡았던 프랑스에 비해, 영어는 몇 세기 뒤에 런던의 방언을 표준어의 기준으로 정하게 되었다.

Law French , 17세기까지 존속하다

시대를 막론하고 사법부는 사회 변화의 영향을 가장 늦게 받는 권력 기관이다. 행정부, 입법부 그리고 사법부의 순서대로 변화의 물결은 순차적으로 밀려온다. 영국에 정착한 노르만 귀족들은 제일 먼저 행정 및 사법 기관을 노르만 제도에 맞게 고쳤다. 영국의 배심원 제도는 본래 노르만 공국의 재판 제도에서 비롯된 것이고, 현대 영어와 프랑스어의 Prison과 Justice의 철자들이 동일한 것만 보아도 양국의 제도들이 얼마나 밀접했는지 짐작할 수 있다.

다음 사진은 1799년 런던에서 간행된 사전인데《노르망 방언 혹은 고대 프랑스어 사전》이라고 표지에 적혀 있다. 그리고 이 사전에는 Law French의 용어들이 영어로 설명되어 있다. French Law로 표현하지 않고 Law French로 표현하는 것에 주목하자. 왜냐하면 프랑스어는 형용사가 명사 뒤에서 수식하기 때문이다.

1362년 의회에서 영어로 개회를 선언하고, 1350년부터는 소학교에서 프랑스어를 교육시키지 않았음에도 불구하고 17세기 초반에까지 영국의

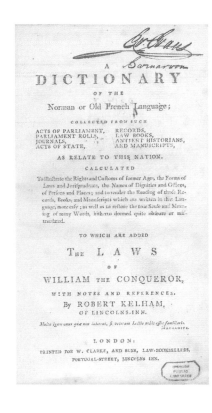

1799년에 발간된 《노르망어 혹은 고대 프랑스어 사전》. 윌리엄의 영국 정복이 있은 지 6세기, 영어를 모국어로 구사하는 헨리 4세가 등극(1399년)한 지 4세기가 흘렀음에도 프랑스어는 법원에서 사용되고 있었다.

법정에서는 여전히 프랑스어가 사용되고 있었다. 1066년 윌리엄의 영국 정복, 1204년 노르망디의 상실, 1337년 에드워드 3세의 백년전쟁 등으로 영어는 많은 질곡의 시기를 지나왔다. 그리고 1399년 프랑스어를 모국어로 사용하는 리처드 2세를 마지막으로 영어를 사용하는 헨리 4세가 왕위에 올랐다. 하지만 유독 법원에서는 많은 프랑스어 표현들이 17세기까지 사용되고 있었다. 윌리엄의 정복이 있은 지 무려 6세기가 지날 때까지 프랑스어의 영향은 길고 깊었던 것이다.

Law French가 이토록 오랫동안 재판의 소장에서 사용된 배경에는 당시 대부분의 법률 서적이 프랑스어나 라틴어로 쓰여졌기 때문이다. 예를 들어 당시의 변호사들은 영어로 소장의 틀을 잡고 난 다음, 프랑스어 법률 용어인 Law French로 옮겨 적는 방식을 17세기까지 고수하고 있었다. 영국 의회는 1650년 프랑스어로 법률 서적을 출간하는 것을 법으로 금지했으며, 1731년에 프랑스어로 쓰여진 법률 서적의 출간을 끝으로 프랑스어 법전은 사라졌다.

아래에 소개하는 〈Dyer's Report〉는 1688년에 조지 트레비 George Treby 경이 작성한 보고서인데 Law French로 작성된 마지막 판결 보고서이다. 윌리엄의 정복이 있은지 무려 600년이 지난 뒤에도 프랑스어는 법원의 판결 보고서에 사용되고 있음을 확인할 수 있다.

"Richardson, ch. Just. de C. Banc al Assises *at* Salisbury *in Summer* 1631. fuit assault per prisoner la condemne pur felony que puis son condemnation ject un Brickbat a le dit Justice que *narrowly mist*, & pur ceo *immediately* fuit Indictment *drawn* per Noy envers le Prisoner, & son *dexter manus* ampute & fix al Gibbet, sur que luy mesme immediatement *hange in* presence de Court."

위의 보고서를 보면 17세기의 영국 법원에서 여전히 프랑스어가 사용되고 있음을 알 수 있고, 영어 사용자들은 거의 해독할 수 없는 수준이다. 번역문은 다음과 같다.

"1631년 여름, 솔즈베리의 순회법원장인 리차드슨이 폭행죄로 유죄

판결을 받은 죄수로부터 공격당하는 사건이 발생했다. 죄수는 순회법원 장에게 벽돌 조각을 던졌는데 살짝 빗나가고 말았다. 그로 인해 죄수 는 곧바로 기소되었다. 죄수의 오른손은 절단되어 효수대에 못박혔고, 죄수 자신도 법원장의 면전에서 교수형에 처해졌다."

위의 판결 보고서 원문 중에는 이탤릭체로 표시한 영어 단어들이 보 인다. 이 보고서가 17세기 후반에 작성된 만큼 토착어인 영어 어휘도 Law French에 유입되었음을 확인할 수 있다. 또한 '오른손'을 의미하는 라틴어 'dexter manus'가 사용된 것이 특이한 점이라고 볼 수 있다.

언어학적인 관점에서 본다면 Law French는 적어도 17세기 이후에는 프랑스어에 영어가 섞인 혼성어의 특징을 보이고 있다. 프랑스어와 영어 가 혼용되었다는 사실 이외에도, 프랑스어 어원에 영어 접사를 합성하 여 새로운 단어를 만든 예(*immediately*), 또는 순수한 영어 어휘를 사용 한 예(*narrowly mist, drawn, hange*)도 확인할 수 있다. 또한 영어와 프랑 스의 어형을 동시에 사용하기도 했음을 알 수 있다: *immediately vs.* immediatement.

지금도 영어에 남아 있는 법률용어 중에 남아 있는 Law French를 보 기로 하자.

법률용어	프랑스어 의미(직역)	현대 영어의 법률적 의미
attorney	고대 프랑스어 *atorné* '임무를 부여받 은'	attorney-at-law(변호사)
bailiff	앙글로-노르망 방언 *baillis*에서 유래, '관리인', '행정관'의 의미.	(재산 압류를 집행하는) 집달관

cestui que trust, cestui que use	이 표현은 영주가 기사에게 봉토를 하사할 때 만들어진 표현이다. '*cestui que trust*'의 직역은 '이 봉토를 받은 자와 하사한 자 사이에 신뢰가 성립되었다'이고, '*cestui que use*'는 '봉토를 하사받은 자(신뢰를 받은자)가 이 봉토를 사용한다'라는 의미.	현재 영어에서 재산을 신탁할 때 신탁의 수혜자, 즉 신탁자를 가리킨다. 다시 말해 A가 B에게 재산을 신탁할 경우, A는 신탁의 수혜자가 되며, 이 사람을 '*cestui que trust*' 혹은 '*cestui que use*'라고 부르며(beneficiary), 신탁을 맡은 사람은 '*trustee*'가 된다.
chose	사물	무체 동산
court	고대 프랑스어 *cort*, 현대 프랑스어 cour, '마당', '재판소'	법원
culprit	'*culpable prest*'의 약어. 직역하면 '입증할 수 있는 유죄'	범인
defandant	프랑스어 *défandant*	피고
escheats	앙글로-노르망 방언 '*eschete*', '*escheoite*'에서 유래. '재산의 복귀'을 의미.	−1660년 이전 : 소유권의 없는 재산을 관할 제후에게 귀속시키는 행위. −1660년 이후 : 시민이 모든 토지를 자유롭게 소유할 수 있게 되었다. 단지 토지소유주가 유언을 하지 않거나, 상속자를 지정하지 않고 사망한 경우 재산이 정부에 귀속(escheats)된다.

법률용어	프랑스어 의미(직역)	현대 영어의 법률적 의미
estoppel	앙글로-노르망 방언 *estoup(p)ail*에서 유래. '틀어막다'의 의미.	금반언(禁反言) (먼저 한 주장에 반대되는 진술을 뒤에 하는 것을 금지함)
in pais	'시골에서'라는 의미. 현대 프랑스어는 pays.	'법정 밖에서'(out-of-court). (1) 'settlement in pais' : 법적인 다툼이 없이 합의하는 것. (2) 'matter in pais' : 법적인 증거에 의해 증명되지 않고 단지 증언에 의해 입증되는 사건.
jury	앙글로-노르망 방언 *jurée*는 '맹세', '법적 조사'를 의미.	배심원
laches	앙글로-노르망 방언 *lachesse*는 '갈증', '느슨한 규율'을 의미.	태만(죄)
larceny	앙글로-노르망 방언 *lar(e)cin*, '도둑'	절도(죄)

lease	앵글로-노르망 방언 *lesser*, 현대 프랑스어 laisser, '남기다', '내버려두다'	임대차 계약
mortgage	'죽은 저당', *mort*(죽은), *gage*(저당)	본래의 의미는 토지 소유주가 담보로 내기에 저당을 잡힌 담보물.
negligence	프랑스어 *négligence* '과실'	부주의, 과실
oyer et terminer	'듣고 결정하라'	형사재판에서 재판장에게 부여된 권리 중 증언을 청취하고 통제할 권리.
parole	말, 담화	죄수의 말을 신뢰하고 특별히 풀어 준 가석방.
plaintiff	고대 프랑스어 *plainitif* '불평',	원고, 고소인
proof	앵글로-노르망 방언 *preove* '증거'	법적 증거
suit	앵글로-노르망 방언 *suit* '추구', '따라가기'	소송, lawsuit, '민사소송'
verdict	고대 프랑스어 *verdit* '맹세한 증거', '진실을 말하다'	판결

4

영어,
동면에서
깨어나다

백년전쟁에서 영국이 승리했다면?

　역사에서 가정은 항상 흥미롭다. 그럴 리가 없겠지만 정말 프랑스의 샤를 4세가 죽은 뒤에 영국의 에드워드 3세에게 프랑스 왕위가 돌아갔다면 양국에는 평화가 정착되었을까? 물론 그럴 가능성은 희박하다. 왜냐하면 영국 왕이 프랑스 왕의 봉신이었기 때문에 애당초 단추가 잘못 끼워져 있었기 때문이다. 그렇다면 또 다른 가정을 해 보자. 전쟁의 초중반까지도 파죽지세로 프랑스 전 국토를 유린하던 영국이 승리를 거두었다면? 잔다르크가 나타나지 않고 영국 왕이 프랑스의 왕위를 차지했더라면 역사는 어떻게 흘러갔을까? 이 부분은 매우 흥미로운 역사적 전제를 포함하고 있다, 특히 백년전쟁 이후 일어난 영어와 프랑스어 위상 변화가 실제와는 다르게 전개되었을 개연성이 크다.

　1415년 북부 프랑스의 아쟁쿠르Azincourt에서 벌어진 전투에서 에드워드 3세의 증손인 헨리 5세는 대승을 거둔다. 백년 동안 끌어온 전쟁에서 마침내 영국이 패권을 차지하는 듯했다. 그는 프랑스 국왕 샤를 6세의 딸 카트린과 결혼하여 사위가 되었고, 장차 프랑스 왕위 계승권도 확보하였다. 실제로 그렇게 되었다면 영어와 프랑스어의 운명은 어떻게 바뀌었을까?

　먼저 영국-프랑스 제국—물론 가상의 제국이지만—에서 주도적인 역할의 언어는 프랑스어였을 것이다. 다시 말해 정복왕 이후 처음으로 영어를 모국어로 사용한 헨리 4세(재위 1399~1413년)를 비롯한 영국 왕들은 영어를 왕국의 언어로 정착시키려고 노력했겠지만, 거대한 영국-프랑스 제국이 탄생하면서, 영어는 다시 소수의 언어로 전락하고 말았을 것이다. 헨리 2세가 플랜태저넷 제국을 통치하던 시절, 즉 영국보다 프랑스에 더 넓은 영지를 소유하고 있을 때, 프랑스어가 영어보다 더 높은 위상에 놓인 언어로 대접받았던 것을 상기하자.

두 번째로 할 수 있는 가정은 백년전쟁의 종결로 양국에서는 국민의식이 확고히 싹트게 되었는데, 영국과 프랑스가 하나의 제국으로 통합되

질로 생테브르(Gillot Saint Evre)의 회화, 〈샤를 7세에게 소개된 잔다르크〉(1833년, 루브르 미술관). 프랑스 동부 동레미 출신 잔다르크는 성 마르그리트와 성 카트린의 계시를 받아 시농 성에 머물고 있던 샤를 7세에게 프랑스 왕이 전통적으로 대관식을 올리던 랭스 성당에서 대관식을 올려 주겠다고 제안한다. 국왕의 주변 사람들은 잔다르크가 정말 신의 계시를 받았다면 국왕을 단번에 알아볼 것이라고 그녀를 시험한다. 그림에 보이는 왕좌에는 가짜 샤를 7세가 앉아 있고, 진짜 샤를 7세는 그 옆에서 잔다르크를 지켜보고 있다. 잔다르크가 나타나지 않았다면 프랑스 왕국은 영국에게 넘어갔을까?

었다면 근대 사회로 넘어가려던 두 나라는 중세 봉건 사회의 덫에 발목이 잡혔을 것이다.

영국은 아쟁쿠르 전투에서 승리를 발판으로 1420년 프랑스와 트루아 조약을 체결하는데, 이 조약에는 영국 왕이 프랑스 왕을 겸한다고 적혀 있다. 실제로 영국은 1802년 아미앵 평화 조약에 서명할 때까지 공식적으로 프랑스 왕이라고 주장하였다. 양국의 복잡한 역사가 정복 이후 750년간 지속된 것이다.

만약 트루아 조약의 조항처럼 영국과 프랑스가 하나의 통합 왕국으로 태어났다면, 오늘날 세계 공용어는 영어가 아니라 프랑스어가 되었을 가능성이 크다. 백년전쟁 기간 중 에드워드 3세를 비롯한 영국 왕들이 보여 준 언어 정책을 반추해 본다면, 제국의 통합을 위해 프랑스의 사용을 장려했을 가능성이 크기 때문이다. 실제로 백년전쟁이 끝날 무렵, 양국의 언어 지도를 비교해 보면, 프랑스 왕국에서는 파리 지방의 언어가 프랑스 전역에서 통용되고 있었다. 즉, 통일된 규범 언어가 자리를 잡고 있었다는 말이다. 하지만 영국 쪽의 상황은 달랐다. 이제 막 영어가 수 세기 동안의 긴 잠에서 깨어나고 있었다. 그런 상황에서 영국이 백년전쟁에서 승리했다면 영국-프랑스의 통일 왕국에서 자리를 잡았을 언어는 영어보다 프랑스어일 확률이 더 높다. 그 후 미국에 들어간 언어도 영어가 아니라 프랑스어였을지 모른다.

아쟁쿠르 전투의 총사령관으로서 전략적인 능력이 뛰어났던 헨리 5세는 영국 군주 중에서 영웅으로 칭송받는 왕 중의 한 명이다. 트루아 조약을 통해 프랑스 왕위를 확보했고, 샤를 6세의 사위까지 되어 두 왕국이 명실상부한 황제로 등극하는 듯했으나, 운명은 그를 비껴가고 말았다. 만약 그가 35살의 나이에 요절하지 않고 영국-프랑스 제국의 왕이 되었다면 양국의 언어 지도는 지금과는 사뭇 달라져 있을 것이다.

영국, 칼레를 잃고 대양으로 나아가다

백년전쟁의 여파는 생각보다 오래갔다. 에드워드 3세에게 끝까지 저항하던 대서양의 작은 항구 도시 칼레Calais는 전쟁이 끝난 지 1세기 동안 영국령으로 남아 있었다. 그러나 1558년 1월 7일, 영국령 칼레가 프랑스군의 수중에 떨어졌다. 백년전쟁 초기인 1347년 점령해 영토로 편입한 지 211년 만에 칼레를 잃은 영국은 충격에 빠졌다. 칼레는 작은 항구였지만 영국의 마지막 대륙 영토였기 때문이다. 주력 수출품인 양모의 집산지로서 칼레에서 걷히는 관세가 왕실 재정수입의 35%를 차지했기에 경제적인 타격도 컸다.

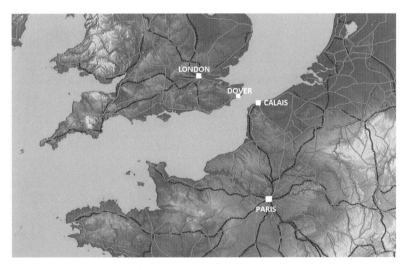

칼레에서 영국의 도버까지의 거리는 불과 34킬로미터. 칼레는 영국이 프랑스로 들어오는 길목에 있다. 에드워드 3세에게 끝까지 저항을 하다가 함락되어 전쟁이 끝난 뒤에도 100여 년간 영국령으로 남아 있던 도시, 지금은 영국·프랑스 간의 해저 터널이 뚫려 초고속 열차가 다니고 있다. 여전히 칼레는 영국이나 프랑스 양국 모두 상대국으로 가는 관문이다.

아마 칼레 시만큼 주인이 자주 바뀐 도시도 없을 것이다. 10세기 말까지는 작은 어촌에 불과했으나 그 후 발전하여 13세기까지 스카르스라고 불렸다. 백년전쟁 중인 1347년 영국군에게 함락되었다가 1558년 기즈 공(公)이 칼레를 영국에서 탈환했다. 16세기 말, 한때 스페인령이었으나 1698년 이후 프랑스령이 되었다. 19세기 말에는 근대적인 항구로서 발전하고 제1차 세계대전 중에는 영국군의 기지가 되었다. 또 제2차 세계대전 때에는 독일군에게 점령되어 영국 본토 공격용 로켓 기지가 되어 큰 피해를 입었다. 칼레 시청의 망루와 로댕의 작품 〈칼레의 시민들〉이 보인다.

영국은 왜 칼레를 상실했을까? 그 이유는 정실에 치우친 통치자와 자만 탓이었다. 여왕 메리 1세는 아홉 살 연하의 남편(스페인의 펠리페 2세)의 사랑을 얻기 위해 명분과 준비도 없이 스페인·프랑스 전쟁에 참전해 화를 불렀다. 영국 군대는 칼레의 요새 두 곳을 난공불락으로 믿고 프랑스군의 야습도 모른 채 신년 풍습에 따라 밤새 술을 마시다 도시의 거점을 잃었다.

프랑스를 얕보고 수비대의 구원 요청을 묵살했던 메리 여왕은 칼레 함락 소식을 듣고 "내가 죽으면 심장에 칼레라는 글자가 새겨져 있을 것"이라고 한탄한 뒤 10개월 뒤에 숨을 거두었다. 영국인들은 광신도이자 폭군이던 메리의 죽음을 반겼지만 사기는 끝없이 가라앉아 있었다. 국고는 바닥나고 프랑스·스코틀랜드 연합군의 침입이 임박했다는 공포로 공황 상태에 빠져있었다.

위기는 기회라고 했던가? 완전한 섬나라로 전락한 영국은 칼레를 잃고 해군력을 키웠다. 칼레의 무역상들은 해적 겸 모험자본가로 변신해 스페인의 보물선을 약탈하고 세계의 뱃길을 개척한 것이다. 그리고 국가의 존망이 백척간두에 선 상황에서 왕위에 오른 엘리자베스 1세는 종교적 화합과 외교술로 대영제국의 기반을 다졌다. '영국에서 가장 빛나는 보석'이라던 칼레의 상실이 새로운 번영의 밑거름으로 작용한 셈이다. 위기를 기회로 살린 영국인들의 저력이 엿보인다. 만약 칼레를 상실하지 않았다면 스페인의 무적함대를 격파한 프란시스 드레이크는 해적 선장으로 남았을지 모른다. 하지만 영국의 변신에는 엘리자베스 1세라는 걸출한 여왕이 있었기에 가능했다. 역사는 인물이 만들어 가는 것이기 때문에….

왜 프랑스에는 여왕이 없을까?

중세의 역사 여행을 하면서 우리는 유럽의 라이벌 프랑스와 영국의 왕조에서 큰 차이점을 하나 발견할 수 있었다. 그것은 영국에는 윌리엄

2000년 스트리섬(Streatham)에서 발견된 제인 그레이의 초상화. 헨리 8세의 누이 메리 튜더의 손녀이다. 신교도들에 의해 왕이 되었으나 의회를 등에 업은 메리의 강력한 바발에 9일 만에 폐위되어 처형된 불운의 여왕이다.

의 정복 이래 여러 명의 여왕이 나왔지만, 프랑스에서는 카페 왕조 1,000년 동안 단 한 명의 여왕도 없었다는 사실이다. 영어의 부활에 대해 이야기하는 장에서 '여왕'을 키워드로 불쑥 내세운 것은 그만한 이유가 있기 때문이다.

먼저 앞에서도 잠깐 언급한 것처럼 두 왕국 모두 게르만족의 살리카법에 따라 왕위 계승권자를 결정하였는데 그 적용 방식에는 약간의 차이가 있었다. 프랑스는 오직 장남, 즉 남자만이 왕위를 계승할 수 있었지만, 영국은 그 범주를 여자까지 확대시켜 적용하였다. 다시 말해 선왕을 계승할 장자가 없다면 차선으로 촌수가 가장 가까운 공주가 왕위를 물려받는 식이었다.

튜더 왕조는 헨리 8세기에 이르러 점점 그 기운이 쇠퇴해지고 폭정과 귀족들의 권력 투쟁으로 점철된다. 세 번의 결혼 끝에 왕자를 보게 된 헨리 8세가 죽자, 왕위는 열 살밖에 안 된 에드워드 6세가 물려받는다. 하지만 에드워드 6세는 종교 갈등과 권력 투쟁으로 혼란에 휩싸인 영국을 통치하기에는 너무 어렸다. 에드워드 6세가 열여섯 살에 요절하자 노섬벌랜드Northumberland 공작의 음모에 의해 제인 그레이Jane Grey가 왕위에 오르는데, 그녀는 정복왕 이후 왕위에 오른 최초의 여인이었다. 하지만 아무런 기반도 없이 왕위에 오른 제인 그레이는 9일 만에 남편과 함께 처형되었다. 제인 그레이의 뒤를 이어 왕위에 오른 이는 헨리 8세의 첫 번째 부인인 캐서린의 딸 메리였다. 그러나 어머니처럼 독실한 구교도였던 그녀는 아버지 헨리 8세 이후 신교도가 득세한 영국 사회에 맞지 않는 군주였다. 신교도를 혹독하게 탄압하여 '피의 메리(Bloody Mary)'라고 불렸다. 여기까지가 영국에서 여왕이 나오게 된 배경과 관련된 이야기다. 하지만 영국과 영어의 부활을 알리는 주인공은 아직 소개되지 않았다. 본래 그리스 신화에서도 올림포스의 주신 제우스가 막내로 태어났던 것처럼, 앞에서 소개한 두 여왕은 이제 이야기할 여왕의 전령과 같은 인물이었다.

'피의 메리'가 죽자 영국 왕위는 그녀의 이복동생인 엘리자베스에게 돌아간다. 3명의 여인이 연이어 영국 왕위에 오른 것이다. 엘리자베스의 아버지는 헨리 8세인데 그는 여성 편력이 심한 군주였다. 헨리 8세는 스

헨리 8세와 아라곤의 캐서린 사이에서 태어난 메리 1세. 캐서린이 이혼을 당하자 왕위 계승권도 앤 볼린의 딸 엘리자베스에게 돌아가고 만다. 하지만 앤 볼린이 처형되고, 선왕 제임 그레이마저 폐위되자 메리는 왕위에 오른다. 어머니의 영향으로 가톨릭 광신도였던 그녀는 신교도들을 혹독하게 탄압하여 '피의 메리'라고 불린다. 그림 속의 모습만 봐도 무섭게 보인다. 1554년 안토니오 모로의 작품이다.

페인의 캐서린이 왕자를 출산하지 못한다는 구실로 이혼을 하고, 왕비의 시녀였던 앤 볼린Anne Bolyen과 재혼을 한다. 하지만 앤도 사내아이를 낳지 못하자 그녀에게 간통죄를 뒤집어씌워 처형한다. 엘리자베스가 세 살 때의 일이다. 물론 엘리자베스는 어린 나이라서 자신의 친모가 아버지로부터 죽임을 당했다는 비극을 나중에 알았겠지만, 그녀에게는 평생 지울 수 없는 불행의 그림자로 남았을 것이다.

하지만 엘리자베스는 불행했던 시기를 극복하고 마침내 영국의 왕이 되었다. 이후 영국에는 빅토리아 여제, 그리고 지금도 대영제국의 상징으로 군림하는 엘리자베스 2세 여왕이 왕위에 올랐다. 여왕의 출현과 영국의 국력이 신장된 데에는 어떤 관계가 있을까? 한 걸음 더 나아가 영어는 어떤 난관들을 헤치고 지금처럼 세계어가 되었을까? 영국을 유럽의 빈국에서 강대국으로 만든 엘리자베스 1세의 시대로 돌아가 보자.

엘리자베스 1세 스페인의 무적함대를 격파하다

백년전쟁은 1453년 공식적으로 끝이 났다. 수세기 동안 프랑스어를 사용하던 영국 왕조도 끊어지고, 비록 전쟁에서 승리는 거두지 못했지만 영국은 백년전쟁을 통하여 귀중한 교훈을 하나 얻었다. 자신들은 브리튼 섬의 영국인이고, 자신들의 모국어가 프랑스어가 아닌 영어라는 사실을 깨달은 것이다. 그리고 100년 이상 벌인 전쟁으로 인해 영국은 더 이상 유럽의 패자가 아니었다. 한때 브리튼 섬과 프랑스의 절반 이상을 영지로 소유했던 플랜태저넷 제국의 전성기는 아득한 향수에 불과했다. 백년전쟁이 끝나기 전부터 영국의 식자층 사이에서 영어에 대한 관심이 고조되고 있었고, 그 중심에는 국민 시인 초서Chaucer가 있었다.

윌리엄의 정복이 영어의 1차 위기였다면, 백년전쟁은 2차 위기로 볼 수 있다고 앞에서 언급한 바 있다. 그리고 국민 시인 초서의 등장은 영어의 부활을 알리는 신호탄이었다. 하지만 영국과 영어의 부활은 그로부터 1세기 뒤인 1558년, 즉 엘리자베스 1세가 영국의 왕위에 오른 해를 기점으로 삼아야 할 것이다. 왜냐하면 언어의 부활과 융성은 그 언어를

엘리자베스 여왕의 열세 살 때 모습이다. 1546년 작가 미상의 작품인데 아직 메리 여왕이 살아 있을 때라서 그런지 매우 조심스런 자태가 엿보인다. 대륙에서는 남자가 아니면 왕위를 물려받을 수 없을 시적 대영제국의 뿌리는 이 수녀로부터 시작되었다

사용하는 국가의 위상에 달려 있기 때문이다. 헨리 2세가 일구어 놓은 대제국은 백년전쟁으로 황폐해지고, 새로운 강국 스페인과 숙적 프랑스 사이에서 영국과 영어는 어떻게 부활할 수 있었는지 엘리자베스 1세의 치세를 통해서 그 답을 찾아보기로 하자.

먼저 엘리자베스 1세는 극적으로 왕위에 오를 수 있었다. 세 살 때 친모인 앤 볼린이 처형되어 사생아 아닌 사생아로 자랐지만, 아버지 헨리 8세는 그녀를 당대 최고의 지성인으로 교육시켰다. 어린 시절부터 영민

했던 엘리자베스 1세는 다양한 학문과 외국어를 습득했다고 한다. 왕위 계승 서열 세 번째였던 그녀는 그만큼 생명의 위협에 시달렸다. 반복되는 역모의 배후로 몰렸지만 총명한 그녀는 무사히 그런 음모로부터 빠져나왔고, 마침내 이복자매 메리 여왕에 이어 헨리 8세 이후 세 번째 여왕으로 등극한다.

엘리자베스 여왕은 다분히 실용적이고 매사에 절도가 있었으며 관용적인 군주로 후대의 역사가들은 평가한다. 그녀는 어린 시절부터 생사의 기로를 여러 번 경험했으며, 종교 분쟁으로 인한 갈등의 골이 얼마만큼 깊어질 수 있는지 지켜보았다. 특히, 선왕 메리 여왕의 가혹한 신교 탄압으로 인하여 왕국이 입은 상처를 생생히 옆에서 지켜본 터였다.

여왕은 평소에도 늘 "나는 국가와 결혼했다"라고 말을 했다. 그런 여왕에게 민중들은 환호를 보냈는데, 실제로 그녀는 1년에 두 번씩 민중들의 목소리를 직접 나가서 들었다고 한다. 아마도 선왕인 메리 여왕의 독선적인 공포 정치에 민중들이 등을 돌렸다는 사실을 그녀는 알았을 것이다. 그녀는 무엇보다도 실용적이고 중용을 지키는 군주였기 때문에 종교 문제로 나라가 분열되는 것을 원하지 않았다. 그녀의 라틴어 좌우명인 *video et taceo*(나는 알지만 말하지 않는다)처럼 매우 신중한 성격의 소유자였다. 하지만 그녀 역시 여느 여인처럼 보석과 사치스런 옷을 좋아하는 그런 사람이었다고 한다.

1558년 11월 17일 엘리자베스는 이복자매 메리 1세가 병사하자 왕위에 올랐다. 런던 시민들은 열렬히 그녀를 환영하였다. 어려서부터 총명한 엘리자베스는 프랑스어, 플라망어, 이탈리아어 그리고 스페인어까지 구사할 수 있었다고 한다. 그리고 무엇보다도 그녀의 정치 감각은 매우 뛰어났는데, 그녀와 결혼하려는 많은 남성들을 정치력으로 잘 이용할 줄 알았다.

그녀가 통치한 시기는 영국 역사상 가장 처참한 시기 중의 하나였다. 안으로는 신교도와 구교도가 피비린내 나게 싸우는 살육의 시기였으며, 밖으로는 두 강대국 즉, 스페인과 프랑스와 싸워야 했다. 프랑스와의 관계는 수백 년 동안 정복과 전쟁을 통해 정리가 되었지만, 여전히 프랑스는 강대국이 되기 위해서 극복해야 할 산이었다. 하지만 엘리자베스 여왕이 당장 넘어야 할 강대국은 스페인 제국이었다. 당시 스페인에는 무적함대를 배경으로 아메리카에 식민지를 개척하여 엄청난 양의 은이 들어오고 있었다. 그런 스페인의 무적함대를 당시 이류 국가인 영국이 섬멸한 것이다. 윌리엄의 정복 이래 항상 프랑스와 경쟁을 하고, 백년전쟁도 결국은 승리하지 못한 영국이 당대 최강의 스페인을 무찌른 것이다. 이제 영국은 명실상부한 강대국으로 부상한 것이다.

영어, 셰익스피어의 언어로 재탄생하다

시대는 인물을 만든다. 로마 공화정 시기에 카이사르, 키케로, 안토니우스 그리고 나중에 황제가 된 옥타비아누스가 동 시대를 살면서 로마 역사상 최고의 시대를 구현했던 것처럼 16세기 영국도 그러했다. 11세기에 들어선 프랑스계 왕조는 에드워드 3세의 자손들이 여러 왕조를 열었지만, 영국이 유럽의 패자로 등극한 때는 엘리자베스 1세 때이다. 16세기의 영국은 이탈리아에서 시작된 르네상스를 열렬하게 받아들이며 대외적으로는 당시의 패자 스페인과 자주 대립하는 모습을 보였다. 하지만 역사는 지는 해인 스페인을 버리고 영국을 차세대의 패자로 인정해 주었다.

엘리자베스 1세가 유럽의 강대국으로 국운을 떨치고 있을 무렵, 영어에도 많은 변화가 일어났다. 수백 년간 영어를 지배하던 프랑스어에서 벗어나 자신들의 모국어인 영어가 활짝 꽃을 피우게 된 것이다. 그 중심

1588년 당시 최강이던 스페인의 무적함대 아르마다(Armada)를 격파한 후에 그린 엘리자베스 여왕의 초상화. 처녀 시절 수줍던 모습은 사라지고, 자신만만한 군주의 모습으로 바뀌어 있다. 화려한 의상과 보석을 탐닉했던 여왕답게 그림 속의 여왕은 그리스 신화의 여신처럼 보인다. 뒤에는 무적함대를 격파한 전투 장면이 보이고, 여왕의 오른손은 지구의 위에 놓여 있다. 이제 스페인 제국의 시대는 가고, 대영제국의 시대가 도래하였다는 사실을 만천하에 알리고 있다.

에는 영국이 낳은 대문호 셰익스피어가 있었다. 엘리자베스 1세는 1533년에 태어나서 1603년에 사망했고, 윌리엄 셰익스피어는 1564년에 태어나 1616년에 세상을 떠났으니 두 사람은 약 40년간 동시대를 살았다. 여왕은 셰익스피어의 연극을 매우 좋아했다고 한다. 나라의 운이 흥하려면 위대한 인물들이 동시대에 나타나는 것처럼 영국에는 걸출한 CEO 군주와 위대한 작가가 동시대에 나타난 것이다.

14세기 말에 영어를 문학어로 부활시킨 사람은 초서인데, 그의 대표작 《켄터베리 이야기》에 나오는 어휘 중의 상당 부분은 프랑스어에 그 뿌리를 두고 있었다. 말하자면 초서에 의한 영어의 부활은 프랑스어 차용어에 많은 빚을 지고 있었던 것이다. 그럼에도 초서의 영어 부활이 역사적인 의미를 지니는 것은 수세기 동안 영어가 제대로 된 문학 작품을 만들어 내지 못했기 때문이다.

셰익스피어와 초서는 영어를 문학어로 부활시켰다는 점에서 공통점을 찾을 수 있다. 하지만 초서는 수백 년 간의 프랑스 지배에서 영어를 독자적인 문학 언어로 독립시켰다는 점에서 그 의의를 찾을 수 있는 반면, 셰익스피어는 새로운 영어 어휘와 표현을 통해 '셰익스피어 영어'를 만들어 냈다는 점에서 그 의의가 크다. 이제 영어는 프랑스어에서 벗어난 단순한 표준어가 아니라, 위대한 문학의 매개어가 된 것이다.

셰익스피어가 활동하던 16세기 중반까지도 영국에서는 공문서나 학술서를 라틴어로 작성했고, 심지어 최초의 영어 문법책도 라틴어로 되어 있었다. 1687년 뉴튼의 《자연철학의 수학적 원리(*Philosophiae Naturalis Principia Mathematica*)》도 라틴어로 출간된 사실을 상기하자. 셰익스피어의 작품은 1611년에 간행된 《흠정역 성서》(킹 제임스 성서)와 함께 영어의

영국의 대문호 윌리엄 셰익스피어. 엘리자베스 1세와 40년 동안 동시대를 살았다(1564년-1603년). 엘리자베스 1세가 대외적으로 영국의 위상을 높였다면, 셰익스피어는 영어를 위대한 언어로 만드는 데 주춧돌을 놓은 작가이다. 정복왕 윌리엄은 영국에 프랑스어를 가져왔고, 윌리엄 셰익스피어는 영어를 위대한 문학의 언어로 만들었다.

위상을 높이는 데 크게 기여했다. 또 셰익스피어는 신조어의 대가이기도 했다. 그의 작품에 사용된 단어는 약 2만 개인데, 그중 신조어가 약 2,000개에 달한다. 미국 작가 빌 브라이슨은 "가령 우리가 입만 열었다하면 열 마디 가운데 한 마디는 신조어라고 생각해 보라"라고 말했는데, 이 말은 셰익스피어의 언어적 천재성을 한마디로 요약해 준다. 셰익스피어가 만들어 낸 갖가지 표현은 오늘날 영어에서 관용어구로 자리를 잡았다. 그가 만들어 낸 어휘들과 표현들을 보자.

barefaced(맨얼굴의) to dwindle(작아지다) excellent(우수한)

to castigate(징계하다) lonlely(고독한) gloomy(음침한)

pedant(현학자) fretful(초조한) to hurry(서두르다)

reclusive(고독한) frugal(검약한) radiance(광휘)

gust(돌풍) summit(정상) leap-frog(등넘기 놀이)

○ An eyesore(공포)

○ Blinking idiot(진짜 멍청이)

○ Foul play(반칙)

○ Flesh and blood(혈육)

○ In the mind's eye(기억)

○ It in high time(정말 중요한 순간이다)

○ It's all ont to me(상관없어)

○ The game is up(모두 잃다)

○ Good riddance(시원하게 됐군!)

○ The devil incarnate(악마의 화신)

○ The primrose path(파멸에 이르는 환락생활)

○ The long and the short of it(사건의 진상)

○ To be in a picket(궁지에 몰리다)

○ To send someone packing(내쫓다)

○ To vanish into thin air(흔적도 없이 사라지다)

○ To be the laughing stock of(웃음거리가 되다)

○ To play fast and loose with somebody(속이다)

○ To have seen better days(좋은 시절을 경험하다)

물론 셰익스피어가 만든 표현 중에서 'green-eyed monster(질투)'처럼 날마다 주위에서 들을 수 없는 것도 있지만, 위에서 소개한 표현들의 대부분은 현재의 영어에서도 자주 쓰이는 것들이다.

이 책의 전반부에서 살펴본 것처럼 영어는 게르만어의 특징이 철저히 파괴된 언어이다. 프랑스어 어휘가 고유 영어를 몰아내고, 전문어와 교양어는 모두 프랑스어의 차지가 되어 버렸다고 설명한 바가 있다. 게다가 영어에게 더 암울했던 것은 윌리엄의 정복 이후 거의 300년 이상 영어로 된 변변한 문학 작품이 없었다는 것이다. 하지만 "곳간에서 인심난다"라는 말처럼 엘리자베스 1세의 신흥 강국 영국은 셰익스피어 같은 위대한 작가를 갖게 되어 영어를 훌륭한 문학어의 반열에 올려놓는다. 비록 영어는 프랑스어와 라틴어로 인해 그 모습이 많이 변했지만, 영어가 국제 공용어가 되기 위한 출발은 이렇게 시작되었다.

영어, 국제 공용어의 틀을 잡아가다

전술한 것처럼 영어의 뿌리는 게르만어지만 윌리엄의 정복 이후 프랑스어의 영향을 지대하게 받은 언어이다. 《동물농장》을 쓴 소설가 조지 오웰은 그의 수필집 《정치와 영어(Politics and the English Language)》에서 예문을 통해 라틴어에서 유래한 어휘들(대부분은 프랑스어에서 왔다)과 게르만어 어원들의 단어들을 비교했다. 다음 예문에서 이탤릭체 단어들이 라틴어에 뿌리를 두고 있는 프랑스어 차용어들이다.

"*Defenceless villages* are *bombarded* from the *air*, the *inhabitants* driven out into the countryside, the *cattle machine*-gunned, the huts set on fire with *incendiary* bullets: this is called *pacification*. *Millions* of peasants are robbed of their *farms* and sent trudging along the roads with no more than they can carry: this is called *transfer* of *population* or *rectification* of *frontiers*.

People are imprisoned for years without trial, or shot in the back of the neck or sent to die of scurvy in *Arctic* lumber *camp* ; this is called *elimination* of *unreliable elements*."

영어는 프랑스어의 지배를 오래 받았기 때문에 학술적 혹은 전문적인 어휘들은 프랑스어나 라틴어에서 유래한 것들이 대부분이다. 그러나 엘리자베스 1세가 스페인의 무적함대를 누르고 영국이 열강의 대열에 오르면서 영어의 외연은 그 전 시대와는 다르게 바뀌어 가기 시작한다. 해외 식민지가 확대될수록 다양한 외래어들이 영어에 들어오기 시작한 것이다. 비록 17세기에도 여전히 영국의 부르주아들은 프랑스어를 교양어로 수입했지만, 이제는 영어에 이탈리아어를 비롯한 다른 외래어들이 영어의 어휘를 풍부하게 만들었다. 다음과 같은 어휘들이 영어에 들어오게 된다.

• 스페인어: sherry, cargo, infante, renegade, creole, toreador, armada, escalade, grenade. 이 밖에도 남아메리카의 스페인어도 영어에 들어왔다(ananas, banana, cannibal, mosquito, potato).

- 네덜란드어: brandy, yacht, smack[어선], filibuster, waggon, frolic, snip, spetter.
- 아랍어: alchemy, admiral, alembic, azimuth, cotton, elixir, alchohol, algebra, apricot, hashish, arsenal.
- 인도어: curry, pariah, nabob, arsenic, check, chess, lilac.
- 페르시아어: bazaar, dervish, shah.
- 터키어: caviar, coffee, dolman, horde, janissary.

위에서 소개한 다양한 어휘들을 보면 영국의 범주가 유럽의 변방에서 전 세계로 확대되었음을 알 수 있다. 엘리자베스 1세 이후 북아메리카를 비롯한 여러 곳에 식민지 개척을 시작한 이래 영어는 이제 국제어로서 그 위상이 서서히 변모하고 있었다. 하지만 수백 년간 영어에 많은 영향을 주었던 프랑스어와 프랑스 왕국을 넘어서기 전까지는 영어는 국제어로서 자리를 잡을 수가 없었다. 결국 두 나라는 백년전쟁이 끝난 지 3세기가 지났지만 다시 한 번 세계의 패권을 놓고 충돌하게 된다. 제2의 백년전쟁이 일어난 것이다. 이번에는 그 무대가 프랑스가 아니라 북아메리카였다.

숙명의 라이벌 프랑스를 제압하다

하늘 아래 하나의 태양만 있듯이 국가 간의 패권도 한 나라가 독차지하게 되어 있다. 근대 서양사에서 일찍이 15세기부터 두각을 드러낸 나라들은 스페인과 포르투갈이었으며, 이후 네덜란드도 잠시 해양을 호령했고, 16세기부터는 영국과 프랑스의 패권 경쟁이 본격화되었다. 영국과 프랑스, 이 두 나라는 중세 때부터 서유럽의 패권을 차지하기 위해 국가의 명운을 놓고 싸웠다. 11세기에는 프랑스 왕의 신하가 영국 왕이 되기도 했고, 한때는 영국 왕이 주군인 프랑스 왕보다 더 많은 영지를 소유하기도 했다. 그리고 무엇보다도 백년전쟁을 통하여 두 나라는 1세기 이상을 지겹도록 싸웠다. 영국 입장에서는 다행스럽게도 백년전쟁에 패한 것이 약이 되었다. 만약 영국이 이겼다면 당시 유럽의 규범어이자 교양어인 프랑스어의 영향에서 벗어날 수 없었을 것이다. 백년전쟁을 통하여 두 나라의 국민들은 국가에 대한 정체성에 눈을 떴으며, 특히 영국의 식자층은 자신들의 모국어인 영어에 많은 관심을 가지게 되었다.

사실 북아메리카 대륙에 식민지를 먼저 개척한 나라는 프랑스다. 프랑스의 탐험가 자크 카르티에Jacques Cartier(1491~1557년)는 프랑수아 1세의 명을 받아 1534년 유럽인으로서는 처음으로 지금의 뉴펀들랜드와 캐나다 동부 해안을 탐험하고 돌아갔다.

COFFEE BREAK

캐나다를 발견한 자크 카르티에

프랑스의 탐험가 자크 카르티에는 프랑스 르네상스의 아버지인 프랑수아 1세의 명을 받아 1534년 대서양의 항구 도시 생말로Saint-Malo를 출발하여 지금의 펀들랜드와 캐나다 동부 해안을 탐험하였다. 귀국한 뒤 기행문을 프랑수아 1세에게 바쳤다. 기행문의 일부를 소개한다.

"그들(북미 인디언)은 풀잎을 여름에 말려 겨울에 사용하는데, 그 풀을

매우 중요하게 여긴다. 햇빛에 말린 이 풀을 작은 가죽 주머니에 넣어 돌이나 나무로 만든 파이프와 함께 지니고 다닌다. 단 남자들만 이 풀을 가지고 다닐 수 있다. 그들은 자주 이 풀을 빨아서 파이프 끝에 올려놓고 불을 그 위에 올려놓는다. 그리고 다른 쪽에서 힘 있게 빨아들여 입과 코를 통해 내뱉는다. 그들은 이 연기가 몸을 따뜻하게 해 준다고 믿는다. 우리도 이 연기를 들이마셔 봤는데 마치 후춧가루를 입에 잔뜩 넣은 것처럼 맵고 뜨거웠다(1535년에 자크 카르티에가 담배를 처음 보고 적은 〈기행문〉의 일부).”

영국은 엘리자베스 1세 때 본격적으로 해외 식민지 개척에 나섰다. 프랑스보다 조금 늦게 출발한 셈이다. 북아메리카에 식민지를 건설한 영국인들은 ‘처녀 왕’인 엘리자베스 1세의 이름처럼 동부 아메리카에 ‘버지니아’ 주를 건설하여 여왕에게 바쳤다.

17세기 중반까지도 영국의 북아메리카 식민지는 동부의 13개 주와 카리브 해의 자메이카 그리고 플로리다 정도가 전부였다. 이에 비해 프랑스의 식민지는 북아메리카의 중부 지방과 북쪽 캐나다의 퀘벡 지방을 아우르고 있었다. 비록 인구수에는 영국이 이미 100만 명을 넘어 7만

명의 프랑스와는 비교가 안 되었다. 결국 인구수에서 열세였던 프랑스는 원주민인 인디언들을 자신들의 편으로 끌여들여 영국과 맞서 보았지만 수적 열세를 극복하지 못하였다.

북아메리카의 영국 식민지에서 인구는 지속적으로 팽창하고 있었다. 그렇다 보니 자연스럽게 주민들은 서쪽으로 새 땅을 찾아 나섰다. 프랑스와의 피할 수 없는 전쟁은 이렇게 시작되었다. 중부의 요새를 하나둘씩 차지한 영국은 마침내 캐나다 프랑스령의 수도인 퀘벡을 함락시킨다. 1759년 제임스 울프James Wolfe가 이끄는 영국군이 프랑스령 캐나다를 정복한 것이다. 이때부터 북아메리카의 주도권은 영국으로 넘어가게 된다.

17세기 초의 북아메리카 지도. 푸른색은 프랑스령, 분홍색은 영국의 13개 식민주, 보라색은 영국이 획득한 영토, 살구색은 스페인령이다. 프랑스령이 영국의 식민주보다 비교가 안될 정도로 넓다. 하지만 영국은 두 번 다시 프랑스에게 지고 싶지 않았나 보다. 북아메리카에서 치러진 또 다른 백년전쟁에서 이번에는 영국이 승리했다. 영국은 이렇게 견원지간의 프랑스를 북아메리카에서 축출했다.

북아메리카에서 영국의 승리는 결국 영어의 승리로 귀착된다. 이제 숙적 프랑스를 제거한 영국은 비록 북아메리카 13개주를 미국에게 내주지만, 미국은 영어를 사용하는 새로운 국가로 떠오른다. 이후 북아메리카에서 영어의 주도권은 미국으로 넘어갔지만, 이때 만약 프랑스가 전쟁에서 승리했다면 북아메리카의 운명, 나아가 영어의 운명은 지금과는 사뭇 달라졌을 것이다. 그렇다면 지금의 북아메리카는 어떻게 달라졌을까? 역사적 가정은 이래서 항상 흥미롭다.

먼저 프랑스의 퀘벡 식민 정부가 영국에 점령당하지 않고 광활한 북아메리카 대륙의 절반을 지켜 냈더라면 지도에서 보는 것처럼 캐나다는 미국의 중부 지방을 대부분 차지하고 있었을 것이다. 언어적인 관점에서 본다면, 북아메리카에는 영어를 사용하는 동부의 미국과 프랑스어를 사용하는 중부의 캐나다로 양분되었을 것이다. 예를 들어 동부의 보스턴은 영어 사용 도시가 되었을 테고, 중부의 세인트루이스는 프랑스어를 사용하는 도시로 남았을 것이다.

그렇다면 광활한 서부는 누구의 차지가 되었을까? 개인적인 사견으로는 멕시코의 영토에 편입되었거나 스페인어를 사용하는 새로운 국가가 탄생했을지도 모른다. 그렇다면 지금의 북아메리카에는 영어권의 미국, 프랑스어권의 캐나다 그리고 스페인어권의 멕시코가 세 발의 솥처럼 힘의 균형을 유지하고 있었을 것이다.

빅토리아 여왕, 영어를 국제 공용어에 올려놓다

숙명의 라이벌 프랑스를 북아메리카에서 축출한 영국 앞에는 이제 거칠 것이 없었다. 승자독식의 시대가 열린 것이다. 16세기 엘리자베스 1세를 기점으로 영국은 마침내 전 세계의 패자가 된 것이다. 그런 점에서 영어는 대영제국의 위상을 알리는 첨병의 역할을 했다. 엘리자베스 1세 같은 여왕이 즉위하여 영국을 강대국의 반열에 올려놓은 것처럼, 이번에는 빅토리아 여왕이 대영제국의 황제에 오른다. 엘리자베스 1세가 씨를 뿌린 대영제국의 모태가 빅토리아 여왕 시기에 그 절정을 맞이하게 된 것이다. 전기 작가 스탠리 웨인트럽은 빅토리아 여왕에 대하여 이렇게 썼다.

> "빅토리아 여왕은 국민의 애정, 전통에 대한 동경, 충성심과 높은 중산층의 가치관을 바탕으로 더욱 강화된 의례적인 군주제를 유산으로 남겼다. 그녀는 영국 그 자체이다."

1837년부터 1901년까지 63년 7개월간 대영제국을 통치했던 빅토리아 여왕은 '해가 지지 않는 제국'의 수장답게 오랜 기간 동안 왕위에 있었다. 하지만 이 기록도 지금의 여왕인 엘리자베스 2세에 의해 깨졌다고 서두에도 언급한 바 있다. 우리나라에서는 "암탉이 울면 집안이 망한다"라고 말하지만 영국에는 여왕이 나와야 국운이 융성한다는 것을 영국의 역사가 잘 보여 주고 있다. 빅토리아 여왕 시대의 대영제국은 말 그대로 '해가 지지 않는 제국'이었다. 영어는 제국의 공용어로서 그 위상을

사람은 이름을 잘 지어야 한다고 했던가? 라틴어로 승리의 여신을 뜻하는 빅토리아 Victoria란 이름은 그녀에게 대영제국의 영광을 가져다주었다. 그녀는 19세기의 2/3 동안 대영제국의 여왕으로 군림했다. 지금의 엘리자베스 2세에게 그녀는 4대 외조모이다. 이 두 여왕의 재위 기간을 합치면 무려 126년이 넘는다. 물론 지금도 늘어가는 중이다. 하지만 금슬이 좋던 남편 앨버트 경과 사별하고 여왕은 40여 년 이상 검은 상복을 입고 살았다고 한다.

계속 높여 갔다.

300여 년간 영국 왕들은 침략자들의 언어인 프랑스어를 모국어로 사용하였다. 그 결과 중세 수백년간 영어로 쓰인 문학 작품도 없었던 영어, 그러나 백년전쟁을 통하여 사라질 뻔 했던 영어가 위대한 제국의 공용어로서 자리를 잡기까지는 현명한 군주들과 국민들이 있기에 가능했을 것이다.

통계에 따르면 73억의 인구가 살고 있는 지구에는 영어를 모국어나 공용어 혹은 외국어로 사용하는 인구가 약 15억 7,000만 명 된다고 한다. 10명 중 2.1명이 영어를 사용한다는 말이다. 가히 영어의 시대라고 불러도 손색이 없다.

영어의 위상	사용 인구(단위: 명)
모국어	4억 5,000만
공용어	3억 7,500만
외국어	7억 5,000만

위의 표를 통해서 알 수 있듯이 영어는 15억 명 이상의 사람들이 사용하는 명실상부한 국제어의 반열에 올랐음을 알 수 있다. 한때 유럽 제국(諸國)에서 교양어와 외교 언어로 사용되던 프랑스어는 영국 왕실의 언어이기도 했다. 하지만 이제는 그 위치가 정반대가 되어 버렸다. 현재 두 언어의 사용 인구를 비교한 표를 보자.

영어 사용 인구(단위: 명)	프랑스어 사용 인구(단위: 명)
15억 7,500만(100만): 1,575배	2억 8,500만(1,000만): 29배

11세기의 중세 서유럽으로 돌아가 보자. 당시 브리튼 섬에서 영어를 사용하고 있던 인구는 약 100만 명 정도였다고 한다. 반면에 대륙에서 프랑스어의 사용자는 1,000만 명에 이르렀다고 한다. 언어 사용자를 놓

고 비교해 볼 때 두 나라의 국력에 많은 차이가 있음을 알 수 있다. 하지만 현재 두 언어의 사용자는 영어가 프랑스어에 비해 5배 이상 더 많다. 물론 국제적인 언어의 위상도 영어가 프랑스어를 압도한다. 하지만 1,000년 전에는 프랑스어 사용자가 영어보다 10배나 많았다. 앞에서도 살펴본 것처럼 영어에는 두 번의 위기가 있었지만 그 위기를 오히려 기회로 살려 지금의 영어를 국제어의 반열에 올려놓은 것이다. 그 중심에는 엘리자베스 1세 여왕과 셰익스피어 같은 위대한 작가들이 있었다고 위에서 살펴보았다.

COFFEE BREAK

"누구세요?"

"여왕입니다."

대영제국을 호령하던 빅토리아 여왕도 부부 싸움을 할 때가 있었나 보다. 부군 앨버트 공과 부부 싸움을 한 여왕, 화해를 하기 위해 남편의 방에 와서 노크를 했다. 앨버트 공이 말했다 "누구세요?" 여왕이 답했다. "여왕입니다." 그러자 남편인 앨버트 공은 대답도 하지 않았다. 사태를 파악한 여왕은 다시 답했다. "당신의 아내입니다." 그러자 앨버트 공은 문을 열어 주었다. 5대양 6대주를 호령한 여제 빅토리아도 한 남자의 아내였던 것이다. 금슬 좋던 부부는 앨버트 공이 일찍 세상을 떠나 빅토리아 여제는 늘 검은 상복을 입었다고 한다. 사진은 슬하에 9남매를 두었던 빅토리아 여제와 앨버트 공의 행복한 모습이다.

엘리자베스 2세 여왕은 아직도 노르망디 공

이제 언어를 통해 본 영국과 프랑스의 복잡한 과거의 역사를 정리해 보자. 두 나라의 관계는 백년전쟁을 끝으로 정리가 된 것처럼 보이지만, 사실은 그 이후에도 영국은 프랑스의 왕위를 주장하였다. 실제로 영국은 1802년 프랑스와 아미앵 평화조약을 체결하기 전까지 프랑스 왕위 계승권자라고 공식적으로 주장하였다. 영국인의 뚝심이라고 할까, 아니면 제국주의의 잔재라고 불러야 할까, 백년전쟁 막기에 헨리 5세가 프랑스 왕위권을 확보한 사실이 그 근거라는 것이다. 그런 이치라면 웨일스와 스코틀랜드 및 북아일랜드도 실제로는 대영제국의 영토가 아니지 않았던가? 하지만 역사는 강자의 편이다.

엘리자베스 2세 여왕은 영국과 북아일랜드의 여왕, 스코틀랜드의 에딘버러 공, 그리고 아들 찰스는 전통적으로 웨일스의 황태자로 불린다. 즉, 여왕은 통합 왕국의 명목적인 원수이다. 하지만 한 가지 잘 알려진 직함이 더 있는데, 바로 노르망디 공이다. 프랑스에서 사라진 노르망디 공작령이 영국에는 아직 존속한다는 말이다.

위의 지도를 보자. 지금도 노르망디 서쪽 브르타뉴 반도 바로 앞에는

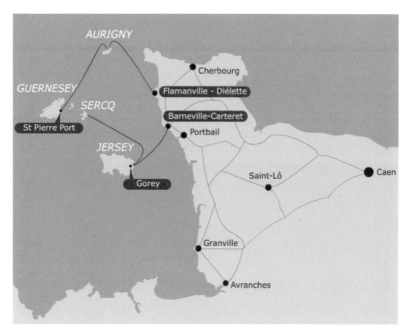

브르타뉴 반도 코앞에는 저지 섬과 건지 섬이 있는데, 영국령이다. 브리튼 섬은 수백 킬로미터 떨어져 있고, 프랑스는 바로 눈앞이지만 영국령인 섬이다. 노르망디를 1066년 정복왕 윌리엄 이래 영원히 영국의 영토라고 주장하는 영국인들의 집념에 존경과 찬사를 보낸다.

여러 개의 섬들이 있다. 그중에 저지 Jersey 섬과 건지 Guernesey 섬이 프랑스 영토 코앞에 있는데, 이 섬들은 영국령이다.

우리는 앞에서 1204년 존엄왕 필립이 노르망디를 프랑스 왕국에 다시 복속시켰다고 확인했다. 하지만 노르망디의 수복은 대륙의 영토에 국한되어 있었고 크고 작은 섬들은 이후에도 여전히 분쟁의 대상이었다. 결국 대륙의 노르망디는 1204년 이후 프랑스에 귀속이 되었지만, 브르타뉴 앞의 섬들은 여전히 영국령이다.

911년 샤를 3세가 윌리엄의 5대조 롤로에게 노르망디를 하사한 이래,

지금까지도 영국은 노르망디를 차지하고 있는 것이다. 영국의 끈기와 집념에 박수를 보낸다. 저런 민족이니까 수천 킬로 떨어진 아르헨티나 앞바다의 작은 섬 포클랜드를 영토로 지키고 있는 것이 아닐까….

다시 엘리자베스 2세 여왕으로

이 책의 시간 여행은 현재 영국 여왕인 엘리자베스 2세에서 시작되었다. 이제 1,000년 동안의 여행을 마무리해야 할 시간이 다가왔다. 일반적으로 한국을 비롯한 동아시아의 왕조는 역성(易姓) 혁명이라 하여 성씨가 다른 왕조가 들어서면서 왕조의 교체가 일어난다. 왕씨의 고려가 이씨의 조선에 의해서 역사에서 사라진 예가 그것이다. 본래 영국에서는 직계 장자가 왕위를 계승하지만, 남자가 없을 경우 여자에게 왕위가 돌아간다. 영국 왕실은 일종의 모계 사회의 일면을 보여 준다고 할 수 있다.

그렇다면 윌리엄에서 시작된 노르만 왕조는 어떻게 되었을까? 우리는 노르만 왕조에서 시작된 영국 왕조가 플랜태저넷, 랭커스터 왕조까지 하나의 날줄을 통해 이어져 있었음을 알 수 있었다. 다시 말해 이 세 왕조의 왕들은 모두 윌리엄의 직계 혹은 방계 후손들이었다. 그렇다면 그 이후에는 어떻게 되었을까? 지금의 엘리자베스 2세와 정복왕 윌리엄과는 어떤 관계일까? 이 질문에 대한 답은 영국 왕실의 계보를 통해 알아보자.

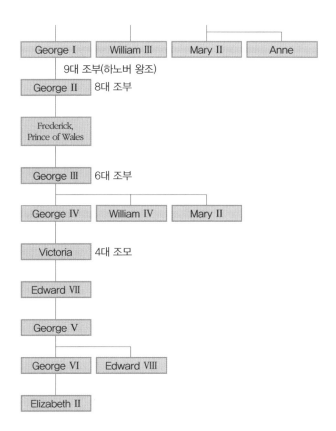

George I	William III	Mary II	Anne

9대 조부(하노버 왕조)

George II 8대 조부

Frederick, Prince of Wales

George III 6대 조부

George IV	William IV	Mary II

Victoria 4대 조모

Edward VII

George V

George VI	Edward VIII

Elizabeth II

위의 표는 윈저 왕조(에드워드 7세~엘리자베스 2세)와 하노버 왕조(조지 1세~빅토리아 여왕)의 계보를 보여 주고 있다. 위의 계보를 보면 하노버 왕조의 시조인 조지 1세가 엘리자베스 2세의 9대 조부임을 알 수 있다. 그렇다면 그 이전 왕조인 스튜어트 왕조는 하노버 왕조와 어떤 혈연관계를 가지고 있을까?

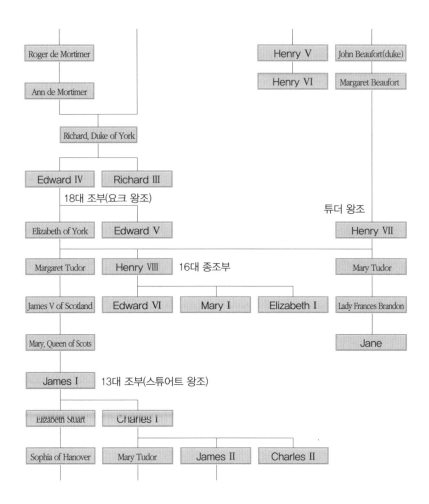

위의 표에서 스튜어드 왕조의 시조인 제임스 1세(재위 1602~1625년)는 여전히 엘리자베스 2세 여왕의 13대 조부임을 확인할 수 있다. 그리고 튜더 왕조의 시조인 헨리 7세 역시 직계는 아니지만 엘리자베스 2세의 방계 조부이고, 영화 〈천일의 앤〉으로 유명한 헨리 8세 역시 16대 종조부(할아버지의 형제)임을 알 수 있다. 그 이전 왕조인 요크 왕조의 시조 에드워드 4세 역시 여왕의 18세 조부이다. 여기까지 정리하면 튜더 왕조는 방계, 요크 왕조는 직계임을 알 수 있다. 그렇다면 누구의 직계이고 누구의 방계 왕조란 말인가? 마지막 계보에서 그 답을 찾을 수 있다.

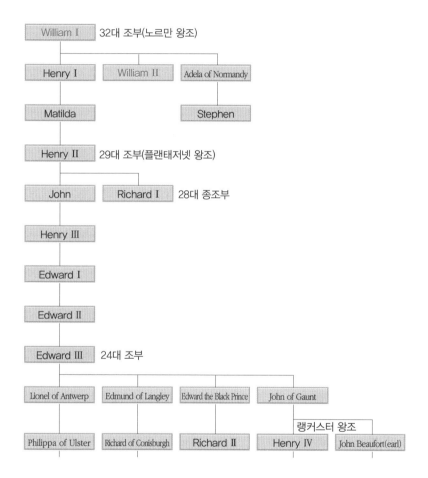

드디어 많은 자손을 퍼뜨린 에드워드 3세가 등장했다. 앞에서 말한 직계 왕조란, 에드워드 3세를 중심으로 요크 왕조는 직계 왕조이고, 튜더 왕조는 방계 왕조란 의미이다. 에드워드 3세는 엘리자베스 2세 여왕의 24대 조부이고, 그는 플랜태저넷 왕조의 시조 헨리 2세의 5대손이다. 그리고 정점에는 바로 정복왕 윌리엄이 있다. 1066년 영국 왕으로 등극한 지 올해로 950년째, 정복왕 윌리엄은 지금도 영국 왕실에 살아 있다. 엘리자베스 2세 여왕의 32대 조부로서….

5

프랑스어의
흔적들

프랑스, 영국에 졌지만 영어에 프랑스어를 남기다

영국과 프랑스의 끈질긴 인연은 결국 영국의 승리로 끝이 났다. 한때는 유럽의 변방 섬나라에 불과했던 영국이 대영제국을 건설하고, 영어를 통해 세계를 지배하기까지는 파란만장한 시련의 시간들이 많았음을 우리는 확인했다. 하지만 프랑스는 영어에 자신들의 언어를 남겼다. 윌리엄의 정복 이후 국왕의 모국어로 333년, 법원에서는 17세기까지 프랑스어가 사용되었으니 프랑스어가 영어에 침투한 정도는 짐작이 가고도 남는다. 아래 표를 보고 설명해 보자.

단어 그룹	영어	프랑스어	라틴어	덴마크어	기타*
1**	83%	11%	2%	2%	2%
2	34	46	11	2	7
3	29	46	14	1	10
4	27	45	17	1	10
5	27	47	17	1	8
6	27	42	19	2	10
7	23	45	17	2	13
8	26	41	18	2	13
9	25	41	17	2	15
10	25	42	18	1	14

영어 어휘 대비 프랑스어 차용 어휘의 구성 비율
 *: 그리스어, 네덜란드어, 이탈리아어, 스페인어, 독일어
**: 1그룹은 1만 단어 중에서 빈도수가 높은 상위 1,000단어

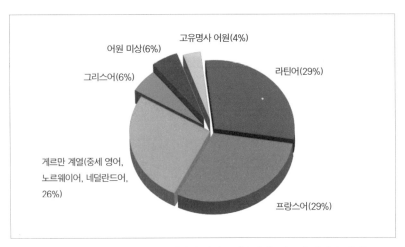

고유명사 어원(4%)

어원 미상(6%)

그리스어(6%)

라틴어(29%)

게르만 계열(중세 영어,
노르웨이어, 네덜란드어,
26%)

프랑스어(29%)

영어는 프랑스어와 라틴어에서 절반 이상의 어휘를 차용했다. 게르만 계열의 언어는 26%
에 지나지 않고, 그중에서 고유 영어가 차지하는 비율은 더 낮다. 그럼에도 영어는 명실상
부한 세계 공용어가 되었다

위의 표에 따르면 영어 어휘 중에서 빈도수가 가장 높은 단어들은 대부분 영어 고유어에서 유래한 말들이라고 한다. 하지만 빈도수가 적을수록 프랑스어의 비율은 거의 절반에 이른다. 이런 현상은 다음과 같이 설명할 수 있다. 한국어를 사용하는 사용자도 일상생활에서는 대부분 고유어들을 사용하여 의사소통을 한다. 하지만 전문 분야, 특히 학문과 예술 등의 전문 분야에서는 한자어가 절반 이상을 차지한다. 영어도 마찬가지이다. 일상생활에 사용되는 언어는 영어가 대부분이지만, 학술적 또는 전문적인 주제로 넘어가면 대부분 프랑스어에서 차용된 어휘나 표현들을 사용한다. 나중에 설명하겠지만 영국의 대문호 셰익스피어조차 고유어인 영어보다 프랑스어에서 차용한 어휘를 작품에서 많이 사용하고 있다. 지금도 영어에 남아 있는 프랑스어를 통해 수백 년간 영어를 지배했던 프랑스어의 자취를 따라가 보자.

영어에 남아 있는 프랑스어

　한 언어가 왕국의 공식 언어로서 300년 이상 사용되었고, 법원에서는 600년 가까이 사용되었을 때 그 언어가 토착 언어에 미쳤을 영향은 짐작이 가고도 남는다. 우리는 중세 및 근대 영국에서 프랑스어가 그런 언어였다고 많은 자료들을 통하여 살펴보았다. 그렇다면 구체적인 증거들은 어떤 것들이 남아 있을까? 몇 가지 예들과 그와 관련된 에피소드를 소개해 보기로 하자.

◆ 아침은 아랫사람들의 식사?

　영어와 프랑스어의 밀접한 관계를 보여 주는 예 중에서 식사명의 비교를 빼놓을 수 없다. 영어의 식사 명칭 중에서 아침과 점심을 의미하는 breakfast와 lunch는 영어에서, 그리고 다른 식사명은 프랑스어에서 유래했다. breakfast가 영어로 정착하게 된 이유는 다음과 같다.

　먼저 중세 유럽인들의 식사 습관에 대해 알아보자. 프랑스의 경우 dîner*의 시간은 시대에 따라 달랐다. 중세 프랑스인들의 생활을 보여 주는 말을 인용해 보자: "새벽 5시에 일어나 9시에 아침을 먹고, 오후 5시에 저녁, 그리고 9시에 취침". 여기에서 말하는 아침이 본래 dîner(영어의 dinner)였고, 지금은 야찬을 의미하는 souper(영어의 supper)가 당시에는 저녁 식사를 가리키는 말이었다. 그러던 것이 샤를 5세(14세기 중엽) 때는 dîner가 10시로 늦춰졌고, 앙리 4세(16세기 말) 때에는 11시로, 다시

---

* dîner : 프랑스어로 저녁 식사를 뜻한다.

루이 14세의 때에는 정오로 점점 그 시간이 늦춰졌다. 이후 나폴레옹 1세 때에는 오후 5시, 루이필립 시기에는 지금의 저녁 식사 시간대인 저녁 7시로 옮겨졌다. 그러므로 본래 아침을 의미하던 dîner는 식사 시간의 변경에 따라 저녁이 되었고, 저녁을 의미하던 souper는 야찬으로 그 의미가 바뀌었다.

그렇다면 중세의 영국 사회를 상상해 보자. 정복자였던 노르만 귀족들은 밤늦게까지 술과 음식을 먹고 잠자리에 들었을 것이다. 그러나 대부분이 농민이었던 색슨족들은 아침 일찍 일어나 들에 나갈 준비를 해야 했다. 그들에게 아침과 점심은 하루의 노동을 위한 에너지를 제공해 주는 아주 중요한 식사였던 반면, 노르만 귀족들은 늦게 일어나 아침 겸 점심을 대충 먹었을 것이다. 매일 만찬을 즐기는 노르만 귀족들에게 중요한 식사는 '저녁'과 '야찬'이었을 것이다. 그런 까닭에 영어에서 '저녁'과 '만찬'을 의미하는 dinner와 supper는 프랑스어에서, 그리고 아침과 점심은 고유 영어에서 유래한 말들이다.

본래 영어의 breakfast란 말의 어원은 '밤새 금식을 하다가 그것을 깨뜨리다'라는 의미로 잘 알려져 있다. 프랑스어에서도 아침을 뜻했던 dîner도 어원을 따지면 '금식을 깨뜨리다'라는 의미이다. 인간의 풍습이 비슷하다 보니 거기에서 만들어지는 말들의 원리도 유사한 법이다.

◆ '얼굴'이 외래어라면?

어느 언어든지 기본 어휘라는 것이 있다. 친족명, 동식물 명칭, 신체 부위를 지칭하는 명사들이 기본 어휘의 대부분을 차지한다. 우리 한국어의 경우도 많은 한자어가 국어 어휘의 상당 부분을 차지하고 있지만,

기본 어휘는 순수한 고유어들이 차지하고 있다. 신체 부위의 명사만 보아도 모두 고유의 우리말임을 알 수 있다.

그러나 영어의 예를 보자. 손을 의미하는 hand는 독어의 Hand와 철자 하나 다르지 않은 순수 영어다. 영어도 신체 부위의 경우 거의 모든 명사들이 영어의 고유 어휘들이다. 그런데 얼굴을 의미하는 face는 프랑스어의 face[fas]에서 유래한 명사다. 우리말로 치면 '얼굴'이라는 중요한 명사가 한자에서 유래한 셈이다. 그러므로 face의 예를 통하여 우리는 두 언어가 얼마나 밀접한 관계에 있었는지, 정확히 말해 영어에 미친 프랑스어의 영향이 어느 정도였는지 짐작할 수 있다.

◆여행은 '고통스러운 일'

영어에서 '여행'을 의미하는 단어들은 그 대부분이 프랑스어에서 유래했다. 먼저 travel의 경우를 보자. travel은 프랑스어의 travail라는 단어가 그 어원인데, 본래 travail의 뜻은 '일', '노동'이지만 예전에는 '고통', '힘든 일'이라는 의미가 있었다.

고대 로마에는 반역 노예들을 고문하는 형틀이 있었는데 *Tripalium*이라고 불렀다. 이 말이 프랑스어 travail로 바뀌는데, 그 뜻도 '고통', '힘든 일'로 재탄생된다. 영어 travel은 이렇듯 '무척 힘든 일'을 의미하는 말이었다.

중세 서양 사회를 상상해 보자. 로마 시대에 거미줄처럼 건설되었던 도로들은 황폐화되었고, 도시에 살던 로마인들과는 달리 게르만족들은 요새화된 성채에서 살고 있었다. 중세 서양에서 '숲'이라는 단어는 특별한 의미를 지닌 말이었다. 아더왕의 총애를 받던 기사 랑스로가 아더왕의 왕비와 연정을 나눈 곳이 숲이었고,《트리스탄과 이졸데》에서 두 연인은 사랑을 이루기 위해 숲으로 도피한다. 이처럼 중세 서유럽에서 숲은 속세와 절연한 은자(隱者)들이 사는 곳이었고, 무서운 공포의 대상이기도 했다. 그런 까닭에 교통망도 제대로 없었던 시절에 먼 곳으로 이동한다는 사실, 즉 여행을 한다는 것은 '고통'과 '힘든 일'이었을 것이다. 야수와 도적떼를 피해 여행을 마친 당시의 사람들은 아마도 다음과 같은 인사말을 들었을지 모른다: "여기까지 오느라 얼마나 고생하셨습니까?" 즉, '고생'이란 프랑스어 travail가 영어의 travel로 바뀐 것이다.

travel 이외에도 영어에는 journey라는 단어가 있는데, 이 단어는 프랑스어의 journée라는 말에서 유래했다. 현대 프랑스어에서 journée는 '하루'라는 의미로 사용되고 있지만 예전에는 '하루 동안의 여행'이라는 뜻으로 사용되었다. 이 밖에도 영어의 voyage에는 '긴 여행', '항해'라는 의미가 있지만 프랑스어의 voyage은 '일반적인 여행'을 의미한다.

◆ '일동 기립!'

예전에 미대통령 케네디의 암살을 다룬 영화 〈JFK〉를 본 적이 있다. 이 영화 중간에는 암살 용의자 오스왈드의 재판 장면 중에 이런 장면이 나온다 : 법정에는 피고와 원고가 이미 입장해 있고 검사와 변호사들은 판사들이 입장하기를 기다리고 있다. 바로 그때 판사가 입장하는 순간

정리(廷吏)는 'Oyez[oies]! Oyez!'라고 외친다. 이 말은 우리 말로 하면 '일동 기립'이라는 의미이다. 본래 Oyez란 말은 그 어원이 프랑스어인데, 고대 프랑스어 oir 동사의 2인칭 명령형에 해당된다. 그 뜻은 '듣다'이며 조금 의역하면 '주목!' 정도로 해석하면 될 것이다.

그렇다면 미국의 법정에서 20세기에도 프랑스어가 관례대로 사용되고 있었다는 이야기다. 본래 미국의 사법제도는 영국의 사법제도를 많이 모방했으니 이해가 가는 부분이다. 역시 법조계는 사회 변화의 파장이 가장 늦게 미치는 곳이다. 사법부의 개혁은 그만큼 어렵다는 말일 것이다.

윌리엄의 영국 정복 이후 프랑스어가 영국에서 차지했던 특수한 위상도 몇 세기가 흐른 뒤 많은 변화를 겪게 된다. 그러나 법원에서는 1731년까지 프랑스어가 공식 언어로 사용되고 있었다. 그런 까닭에 'Oyez!'란 말이 그토록 오랜 기간 영국과 미국의 법정에서 사용되었던 것이다.

◆ '자! 공 간다'

중세 프랑스에서는 '죄드폼Jeu de paume'이라는 공놀이가 있었다. 폼paume이란 말은 '손바닥'이란 뜻이므로 이 놀이는 손바닥으로 공을 치고 받는 놀이였음을 짐작할 수 있다. 이후 이 놀이는 왕실에서 크게 유행하였으며 마침내 영국에 전해져 테니스로 발전하게 된다. Tennis란 말은 프랑스어의 Tenez란 말에서 유래하였다. 'Tenez!'란 말은 Tenir 동사의 2인칭 명령형으로 물건 등을 건넬 때 '자, 여기 있어!', '자, 받아!' 정도로 해석할 수 있다. 그러므로 Tenez란 말은 공을 상대방에게 보낼 때 상대방에게 공을 받을 준비를 하라는 의미를 담고 있다. 고대 프랑스어에서는 철자 'z'가 's'와 혼용되었기 때문에 Tennis가 Tenez에서 유

손바닥을 사용하던 '죄드폼'은 점차 라켓을 사용하는 경기로 발전하였다. 본래 실내경기로 시작된 이 경기는 나중에 테니스로 발전한다. 근대 스포츠를 국제화·규범화시킨 사람들은 역시 영국인들이다.

래했다는 사실을 짐작할 수 있다. '테니스'란 말이 프랑스어에서 유래했다는 사실을 미루어 보아, 경기 규칙과 관련된 용어에도 프랑스어가 들어가 있을 것이라고 독자들은 예상할 것이다. 먼저 테니스 경기의 스코어 산정 방식은 독특하다. 한 세트는 여섯 게임을 먼저 이기는 사람이 가져가는데, 각 게임은 '0-15-30-40-60'과 같은 방식으로 점수가 올라간다. 마치 60진법을 사용하는 시계를 보는 듯하다. 이런 방식의 점수 계산 방식에는 다음과 같은 설이 유력하다.

본래 테니스는 궁정에서 즐겨 하던 실내 스포츠였다. 경기 코트에는 시계가 걸려 있었는데 알다시피 시계는 60진법에 따라 움직인다. 그러므로 시계판에 '15', '30', '45'만 적혀 있는 것을 보고 한 포인트가 올라갈 때 '15'를 단위로 점수를 계산했다는 것이다. '45'가 '40'으로 바뀐 것은

승자가 얻은 점수	점수를 부르는 말
0	"love"
1	"15"
2	"30"
3	"40"
4	"game"

테니스의 점수 산정 방식

영어(forty)와 프랑스어(quarante) 모두 두 단어인 '45'보다 한 단어인 '40'이 발음하기 편했기 때문이라는 설명이다.

두 선수의 점수가 40대 40이면 어느 누구도 한 번에 그 게임을 가져갈 수 없다. 두 번 연속해서 승리해야 하는데, 이때의 점수를 deuce라고 한다. 이 말은 프랑스어 deux에서 왔는데 숫자 '2'를 의미한다. 즉 '두 선수의 점수가 똑같다'라는 뜻이다. 고대 영어에서는 프랑스어의 's'를 'ce'로 표기하였으며, 프랑스어의 'x'는 고대 프랑스어에서 'us'를 표기하는 철자였으므로 영어의 deuce는 프랑스어 deux의 영어식 표기인 것이다. 하지만 프랑스에서는 테니스의 동점을 deux로 말하지 않고, '같음'을 의미하는 égalité로 용어가 바뀐 것을 보면 영어가 옛날 전통을 더 잘 보전하고 있는 셈이다. 이후 영어 deuce는 17세기 이후에 '불운'(bad luck)을 의미하거나, '도대체', '제기랄'과 같은 의미로도 구어에서 사용된다.

What the deuce are you doing?(도대체 무슨 일을 하는 거야?)

위의 대화에서 영어 deuce는 프랑스어의 '악마'를 의미하는 diable로

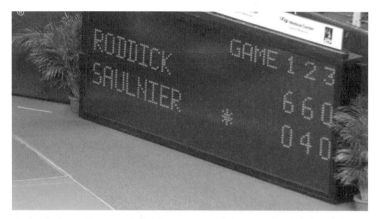

테니스에서는 6 대 0으로 진 게임을 love game이라고 부른다. 일설에는 완패를 당한 상대방을 배려하는 차원에서 생긴 말이라고 한다. 하지만 테니스란 말이 프랑스어인 것을 보면 '달걀'에서 유래한 것이 맞는 것 같다.

옮길 수 있다. 그 이유는 프랑스어로 '신'을 의미하는 수는 '1'인 데 반해 악마는 '2'의 수로 상징되기 때문이다. 그러므로 '2'를 의미하는 deuce에 '악마' 또는 '제기랄'이라는 의미가 생겼다는 것이다. 끝으로 테니스에서는 '0'을 사용하지 않고 love를 사용하는데, 가장 설득력이 있는 설명으로는 달걀을 의미하는 프랑스어 l'œuf(발음은 '뢰프')의 발음이 영어의 love로 되었다는 것이다.

◆ 프랜차이즈 사업은 프랑크족의 가업?

요즘 창업의 대세는 프랜차이즈 franchise 사업이다. 영어 사전에서 이 단어를 찾아보면 '독점 판매권', '가맹점 영업권'으로 나와 있다. 그런데 이 말의 어원이 게르만족의 한 갈래인 프랑크족의 이름에서 나왔다면 조금 뜻밖일 것이다. 본래 독일 서부와 벨기에 지방에 살던 프랑크족이 프랑스 지방의 새 정복자로 들어왔다. 그들은 '자유인'이었으며 동시에 '귀족'이었다. 그들의 성격은 '솔직하고 대담했으며', 사회적으로 '특권을 가진' 계층이었다. 중세 프랑스어 franc이란 말에서 이렇게 다양한 의미들이 생겨났다. 우리가 영어를 통하여 알고 있는 frank '솔직한'란 말도 여기에서 나왔다. 프랑스어 franc에서 franchise가 만들어진 과정은 다음과 같다. 형용사 franc의 여성형 franche에서 명사형이 만들어진 단어가 바로 franchise이다. 부족의 명칭에서 '독점 판매권'의 이름까지 프랑크족의 언어 여행은 자못 흥미롭다. 프랑크족의 이름은 France 그리고 독일의 도시명 Frankfurt에 지금도 남아 있다.

◆ 모기지론과 최저 임금

매년 최저 임금 minimum wage을 정하기 위해 정부와 노사간에 협상이 열린다. '임금'을 의미하는 영어 wage의 어원은 노르망 방언 *wagier*인데, 그 뜻은 '서약하다', '보증하다', '내기하다'이다. 그러다가 '서약을 하고 받은 것', 특히 '전투에 참전하고 받은 보수' 등의 의미로 확산되었다. 여기에서 '임금'이라는 말이 나왔다.

최근 주택담보 대출이 서민들의 입에 자주 오르내린다. 영어로 모기기론Mortgage Loan이라고 한다. 그런데 형태가 좀 낯선 단어다. 영어가 아니고 프랑스어 차용어이기 때문이다. 프랑스어 gage와 앞에서 소개한 영어 wage는 부모가 같은 말들이다. 이 책의 주인공 William의 프랑스 표기가 Guillaume인데, 눈치가 빠른 독자들은 이미 그 이유를 알 것이다. gage란 프랑스의 의미는 '저당', '담보'인데 이 말은 wage에서 설명한 것처럼 '서약하고 맡긴 물건', 즉 '저당을 잡힌 물건'을 의미했다. mort란 말은 '죽은'을 의미한다. 영어의 mortal을 생각해 보라. 그러면 mortgage의 뜻은 간단하다. 대출을 받기 위해 '재산권의 행사가 일시적으로 정지된 담보물'을 말한다. 모기지론과 최저 임금의 뜻은 이렇게 만난다. 경상도 말이 일본어에 들어간 것이 wage의 형태이고, 서울말이 들어간 것이 gage의 형태라면 이해가 조금 더 쉽지 않을까?

◆ 왜 영어에는 '너'와 '너희'의 형태가 같을까?

윌리엄 정복 이전에 영어의 2인칭 대명사들은 다음과 같은 체계를 가지고 있었다.

	주격	목적격
단수	thou	thee
복수	ye	you

표에서 보듯이 현대 영어 you는 복수의 목적격이었다. 즉, 'I saw you'는 맞는 말이지만 'you saw me'는 중세 영어 문법에 의하면 틀린 문장이고, 'ye saw me'가 올바른 문장이다. 프랑스어의 2인칭 대명사도 두 가지 형태가 있었다. '너'를 의미하는 tu와 '당신', '당신들', '너희들'을 의미하는 vous가 있었다. 바로 후자의 vous가 영어에도 영향을 미쳤다. 영어의 you가 프랑스어처럼 단수와 복수의 용례로 사용되기 시작한 것이다. 사회적인 측면에서 본래 thou는 낮은 계층의 사람을 지칭하고, you는 상층 또는 소원한 관계에 있는 사람들에게 쓰이던 대명사였다. 이러한 용법은 프랑스어의 영향에서 비롯된 것이다. 즉, thou에 해당하는 프랑스어 tu는 비존칭이지만, you에 해당하는 vous는 존칭 대명사로 쓰였다. 영어에서 친한 사이에 쓰이던 thou는 그 사용이 급격히 줄어들었는

잔다르크의 배너. 프랑스 왕실을 상징하는 백합꽃이 많이 보인다. 저런 배너들이 나중에 국기가 되었다.

데 1570년대에 이르면 이미 you가 널리 사용되고 있었다. 우리가 자주 사용하는 영어의 you는 원래 프랑스어처럼 존칭의 '당신'의 의미였다. 그리고 2인칭 복수에만 사용되는 대명사였다.

◆ 배너banner 광고는 제후들만 한다?

인터넷에서 웹서핑을 할 때마다 성가신 것 중의 하나가 시도 때도 없이 열리는 배너 광고이다. 악성 코드에 감염이 되면 걷잡을 수 없이 많이 열린다. 본래 banner란 말은 프랑스어 ban에서 유래한 말이다. 대륙의 봉건제도를 영국으로 가져간 정복왕 윌리엄은 전쟁을 할 경우, 대개 40일 동안 가신들을 소집했는데, 이때 사용한 포고령이 ban이다. 즉,

ban이란 '가신 소집령'을 의미했다. 여기에서 한 걸음 더 나아가 '포고', '공고'의 의미가 생겨났다. 그러다 보니 자주 공고되는 ban은 식상할 수밖에 없다. 영어와 프랑스어 banal에 '지극히 평범한', '따분한'이란 의미가 생겨난 이유가 여기에 있다. 한편, 배너 banner란 단어도 프랑스어 bannière에서 유래했는데 그 뜻은 왕들이나 높은 제후들이 사용하던 깃발을 의미했다. 제후들만 사용하던 배너를 이제는 누구나 사용할 수 있게 되었다.

◆ 지세(地稅)와 렌터카

윌리엄이 영국에 가져간 봉건제도의 핵심은 다음과 같다. 즉 주군은 봉신에게 봉토를 하사하고, 그 봉토를 받은 기사는 농민들에게 토지를 임대하는 것이었다. 그리고 농민들은 임차한 토지를 경작하여 해마다 가을이면 수확량의 일부를 토지주인인 기사에게 바쳐야 했다. 중세 프랑스어 renter는 '현품을 지세로 바치다'라는 의미였는데, 영어 rent의 어원이다. 현재 영어에는 '집세', '임차료'의 뜻에서 보듯이 rent에는 옛날 의미가 그대로 살아 있다. 현대인은 자동차를 임대할 때 rent-a-car란 말과 만나지만, 중세의 농민들에게 rent란 말은 농민이 주군인 기사에게 바쳐야 하는 무거운 세금이었다.

◆ '됐어! 자산운용'

우리 나라 노년층의 대부분은 금융 자산보다는 부동산 자산의 비중이 많다고 한다. 영어에서 금융 자산을 운용해 주는 회사를 에셋asset이라고 하는데, 사전적 의미는 '자산이 되는 물건'이다. asset이란 말이 프랑스어에서 영어로 들어간 시대는 11세기라고 어원사전에 나와 있다. 당시의 의미는 '만족', '충분', '보상'이라는 뜻이 있었다고 한다. 하지만 현대 프랑스어에서는 이러한 의미가 사라지고 부사적 의미인 '충분히', '꽤'라는 의미만 있다. 그리고 철자도 assez(발음은 '앗세')로 바뀌었다. 프랑스어에서 자주 사용하는 표현 중에 "C'est assez !"라는 표현이 있는데, 영어로 번역하면 "That's enough!" 정도가 된다. '됐어! 자산운용'이라고 이름을 붙인 이유다. 언어의 변신은 무죄다.

영국의 대학은 프랑스의 중학교?

영어로 대학은 College 혹은 University인데, 프랑스어도 마찬가지다. 프랑스어 Université는 영어와 그 형태가 같고, Collège도 액센트만 빼면 똑같다. 그런데 영국이나 미국에서 College는 대개 단과 대학을 가리키지만, 프랑스에서 Collège는 중학교를 가리킨다. 물론 콜레주 드 프랑스 Collège de France 같은 고등 교육기관도 있지만, 일반적으로 Collège는 중학교를 의미한다. 혹자는 그래서 영국 대학의 수준이 프랑스의 중학교와 비슷하다는 농담까지 한다. 또 다른 예로 도서관을 뜻하는 영어의 Library는 프랑스어의 Librairie가 그 어원인데, 프랑스에 Librairie는 서점이라는 뜻밖에 없다. 그렇다면 프랑스에는 수천 개의 도서관이 있다는 말인가? 프랑스에서 도서관이란 말은 그리스어로 책을 의미하는 Biblio와 창고를 의미하는 Thèque를 합성하여 만들어졌는데, Bibliothèque가 그것이다. 본래 Library는 라틴어로 책을 의미하는 Liber에서 유래한 말이므로, 프랑스는 라틴어보다 그리스어를 좀 더 고차원적인 사물이나 제도에 붙였던 것 같다. 그런데 사실 철학가 몽테뉴Montaigne가 살았던 16세기에는 Librairie에 도서관이라는 뜻이 있었으니, 영어의 Library는 16세기의 프랑스어인 것이다.

영어로 '도전'을 의미하는 Challenge도 영어의 고유어로 보이지 않는다. 영어 고유어는 대개 단음절, 예를 들어 'hit, take, get' 등의 철자를 가지고 있는데, 이 단어는 일단 단어가 길 뿐더러 모양도 프랑스어와 비슷하다. Champion 같은 단어가 대표적인 프랑스식 철자법을 보여 주는 단어이다. 그런데 막상 현대 프랑스어에는 영어에 빌려 준 Challenge가 다시 역수입되었다. 그 이유는 고대 프랑스어 단어인 Challenge가 근대

프랑스에서 흔히 볼 수 있는 서점의 모습. '책방'을 의미하는 Librairie는 영어 Library와 그 어원이 같다. 한쪽은 '도서관', 한쪽은 '책방', 언어의 변신은 예측하기 어렵다.

프랑스어에서 살아남지 못했기 때문이다.

이번에는 영어에 남아 있는 프랑스어가 철자까지 동일하지만 그 의미가 다른 예의 경우를 보기로 하자. 영어에서 'give regard'는 '안부를 전하다'라는 뜻인데, 프랑스어 어원 regard에는 '안부'란 의미가 없다. 본래 '주시하다', '응시하다'라는 동사 regarder에서 파생된 명사 regard에는 '주목', '주의'라는 의미가 있을 뿐이다. 하지만 영어에 들어간 regard에는 '안부'라는 의미가 새롭게 만들어졌다.

언어는 살아 있는 생물과 같다. 환경이 변하면 변한 환경에 적응을 하여 살아남기도 하고, 그렇지 못하면 도태되어 사라지기도 한다. 영국에 들어간 프랑스어도 같은 길을 밟았다. 프랑스어에 있던 본래의 의미가 영어에는 살아남은 경우도 있지만, 정작 어원을 제공해 주었던 프랑스어가 살아남지 못하는 경우가 종종 있다.

이렇듯 영어와 프랑스어는 역사적으로 가장 많은 영향을 주고받은 언어였다. 그 시발점은 윌리엄의 영국 정복에서 시작되었고, 그 후 수세기 동안 두 언어의 짝사랑과 결별은 반복되었다.

프랑스어를 알면 영어를 이해할 수 있다

영어 단어 중에 biscuit란 단어가 있다. '-ui'란 복모음은 아무리 봐도 영어 같지 않고 낯설다. '정장'을 의미하는 suit에서 '-ui'의 발음은 [juː]인데 biscuit에서는 [i]로 발음된다. 왜 이렇게 같은 철자의 조합이 다른 발음으로 나는 것일까? 우선 영어의 강세에 그 이유가 있다. 강세를 받는 suit에서는 '-ui'는 장모임이 되지만, 강세가 없는 biscuit에서는 단모음으로 발음되기 때문이다. 한편 이 단어들은 어원을 알면 그 뜻을 수월하게 이해할 수 있다.

먼저 biscuit의 경우를 보자. 서양의 주식인 빵은 하루가 지나면 딱딱하게 굳는다. 그러므로 중세 때 멀리 여행을 떠나는 사람들은 빵을 비상식으로 가져갈 경우 낭패를 보곤 했다. 하지만 빵을 한 번 더 구우면 상황은 달라진다. 오랫동안 먹을 수 있는 상태로 바뀌기 때문이다. biscuit란 말은 두 번을 의미하는 프랑스어 bis와 '구운'이라는 cuit를 합성해서 만들어진 단어이다. 즉 영어의 비스킷은 '두 번 구운 빵'이라는 프랑스어를 차용한 말인 것이다. 자전거를 의미하는 bicycle이 '두 개의 원을 가진 탈 것'이라는 뜻을 알면 쉽게 이해가 간다.

프랑스어 의미를 알면 이해할 수 있는 대표적인 단어 중에 suit 혹은 suite란 영어 단어가 있다. 이 단어가 왜 많은 의미를 갖게 되었는지 살펴보기로 하자. 라틴어 동사 sequi(영어의 fallow)는 앵글로 노르망 방언에서 suer라는 형태로 바뀌었다. 영어에서 '소송하다'의 sue가 바로 이 단어에서 유래했다. 하지만 중부 지방의 프랑스어, 즉 파리 지방에서는 suivre로 그 형태가 정착되었는데, 여기서 파생된 말이 바로 suit와 suite이다. 이 단어가 영어에 들어가 어떤 의미로 변했는지 살펴보자.

suit의 사전적 정의를 보면 '신사복 한 벌', '소송', '탄원', '어울리다' 등의 의미가 있는데 이 의미들은 앵글로-노르망 방언의 suer에서 파생된 의미들이다. '함께 입는 옷 한 벌'에서 '신사복 한 벌'과 '원고가 피고를 따라가는 행위' 즉 '소송'이란 의미가 만들어진 것이다.

호텔에서 제일 비싼 방을 스위트룸이라고 하는데, '달콤한 방'이라는

'sweet room'으로 착각할지 모른다. 하지만 'suite room'에서 suite란 말은 '딸린'이란 뜻이다. 즉, 침실에 응접실과 욕실이 딸린 고급 객실을 의미한다. 이 말 역시 suer 동사의 본래의 의미인 '따르다'라는 의미에서 만들어진 말이다.

단어의 의미는 문화적 환경에 의해 새롭게 만들어진다. 특히 두 언어 중에서 그 위상이 높은 언어의 어휘들이 하위 언어에 많은 의미를 제공해 준다. 프랑스어가 3세기 이상 영어에 남긴 흔적이 오늘날 세계 공용어인 영어에 그대로 남아 있음을 알 수 있다.

COFFEE BREAK

(A)에 들어갈 말은 warranty? guarantee?

왼쪽 그림은 한국 자동차 판매 회사의 미국 현지 광고인데 평생 무상보증을 해 준다는 내용이다. 이 때 자동차 판매 회사는 warranty를 해 줄까 아니면 guarantee를 해 줄까? 두 단어 모두 '보증'이라는 뜻이 있지만 그 차이를 구별하기는 그리 쉽지 않다. 노르망 방언에서 들어온 warranty와 파리 지방에서 수입된 guarantee의 의미에 조금 차이가 생긴 것이다. 두 단어 중에서 영어에 먼저 들어간 것은 warranty이다. 정복 이후 먼저 들어간 말이 노르망 방언이기 때문이다. 두 단어 뜻을 자동차 회사 광고를 통해서 구별해 본다면, 먼저 guarantee는 자동차 제조 회사가 판매 회사를 통하여 소비자에게 품질에 하자가 있는 경우, 보증을 해 주겠다는 일반적인 보증을 말하고, warranty는 '부품별 조건부 보증'을 의미한다. 왼쪽 광고는

Powertrain(구동계열) 부품일 경우 평생 무상 보증을 해 준다는 뜻이므로 (A)에 들어갈 말은 warranty가 맞다. 노르망 방언과 파리 지방 방언이 기술적인 전문 용어로 재탄생했다.

영어에서 사라진 고유어

지금까지 살펴본 것처럼 영어에 대한 프랑스어의 지배는 수세기 동안 영국에서 진행되었다.

1399년 플랜태저넷 왕조의 마지막 왕인 리처드 2세를 끝으로 프랑스어를 모국어로 사용하는 왕은 사라졌지만, 앞에서도 본 바와 같이 프랑스어는 17세기까지 법원에서 사용될 정도로 그 영향력을 오래도록 행사하였다. 특히 아래에 소개한 어휘들을 보면 빈도수가 많은 영어의 기본 어휘들이 사라지고 그 빈자리를 프랑스어가 대체했다는 사실을 잘 알 수 있다. 두 언어의 간섭이 얼마나 지속적으로 이루어졌는지 잘 보여 주는 예라고 할 수 있다.

사라진 고유 영어	프랑스어 대체어	현대 프랑스어
pele	noble	noble[노블]
leode	people	peuple[푀플]
firen	crime	crime[크림]
here	army	armée[아르메]
sibb	peace	paix[페]
blæd	flower	fleur[플뢰르]

wuldor	glory	gloire[그루아르]
iedu	age	âge[아주]
lyft	air	air[에르]
wlite	beauty	beauté[보테]
anderttan	confess	confesser[콘페세]
miltsian	pity	pitié[피티에]
leanina	reward	regard[르가르]*

*독자들을 위해 프랑스어 발음을 우리말로 옮겼다.

'민중'을 의미하던 leode는 독일어 계통의 단어인데, 현재는 영어의 folk와 독일어의 Volk만이 그 의미를 대신하고 있지만(독일 차 Volkswagen, 포크송 Folk song), 영어에서 folk의 용례는 극히 제한적이다. 대부분의 경우 프랑스어 차용어인 people를 사용하고 있다. '군대'를 의미하던 here 역시 프랑스어 차용어인 army에 의해 사라졌다. 현재 독일어에는 Heer가 그대로 남아 '군대'의 의미로 사용되고 있다. '평화'를 의미하던 영어의 sibb도 라틴어를 거쳐 프랑스어로 들어온 paix를 통해 peace로 정착되었다. 현대 독일어 Sippe가 고대 영어 sibb와 동일 계통의 단어이다.

'공기'와 '하늘'을 의미하던 lyft는 고대 색슨어에서는 luft, 고대 노르웨이어는 lopt, 현대 독일어도 Luft인데 게르만 계통의 언어라서 그 형태와 발음이 흡사하다. 현재 독일 항공사의 이름이 Lufthansa임을 상기해 보라. 그러나 어파가 다른 프랑스어를 통하여 air가 들어오는 바람에 고유어 lyft는 영어에서 사라졌다. 당시의 영국인들은 지금의 한국처럼 선진 산업 문명을 따라 들어온 영어를 쓰는 기분이었을까?

본래 '외모', '모습', '아름다움'을 의미하던 *wlite*의 경우도 마찬가지이다. 영어에는 찾아 볼수 없는 삼중모음의 프랑스어 beauty에 의해 사라져 버렸다. 현대 프랑스어의 beauté의 발음은 [bote]지만 영어의 [bjuː ti]는 고대 프랑스어의 발음을 들려준다.

셰익스피어 희곡에 사용된 people과 folk의 사용 빈도수를 웹사이트에서 검색한 자료를 통해 비교해 보면 그 차이가 확연히 드러난다. 전자(people)는 프랑스어 차용어이고 후자(folk)는 고유 영어 단어이다.

아래의 검색 결과는 셰익스피어의 작품 중 희곡에만 국한된 검색 결과이다. 첫 번째 표, 즉 folk는 단 3건의 검색 결과가 나왔는데, people은 무려 200건의 용례가 검색되었다. 이 말은 3세기 이상 교양층에서 사용되었던 프랑스어의 그림자가 16세기 영국을 대표하는 문호의 작품

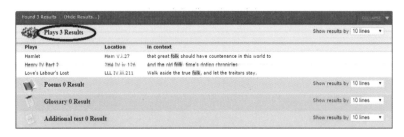

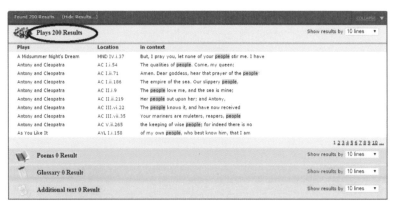

에서도 그대로 살아 있다는 말이다. 이 밖에도 셰익스피어의 희극《줄리어스 시저》에 나오는 대사 'Friends, Romans, countrymen, lend me your ears.' 중에서 'lend me your ears'는 프랑스어 표현 'prêter l'oreille(귀를 기울이다)'의 영어 표현이다. 이렇듯 언어의 지배는 생각보다 오래가는 법이다.

영어에 차용된 프랑스 어휘들

학자들의 연구에 따르면 윌리엄의 영국 정복 이후 영어에 차용된 프랑스어 어휘는 대략 1만 개 정도 된다고 한다. 그런데 그 어휘들의 사용 범주는 일상생활에 쓰이는 어휘들보다, 전문적이고 학술적인 용도로 더 많이 사용된다. 마치 우리가 일상 회화에서 순수한 국어를 사용하다가도, 문화와 학술과 관련된 담화를 할 때 한자어나 영어를 많이 사용하는 것과 같은 이치이다.

분야별로 영어에 차용된 프랑스어들의 예들을 통하여 영어에 들어간 프랑스어 어휘들을 정리해 보자.

1) 유행과 관련된 차용어

정복왕 윌리엄은 노르망디 공이었으므로 프랑스인과 결혼했다는 것은 전혀 이상한 일이 아니다. 그러나 앞에서도 언급한 것처럼 플랜태저넷의 시조인 헨리 2세부터 1461년 왕위에 오른 에드워드 4세까지 모든 영국의 왕비들은 프랑스에서 건너온 공주들이었다. 그 이후에도 대륙에서 발원한 르네상스는 프랑스를 거쳐 영국 왕국에 전파되었으므로, 유행에 관한 프랑스어의 영향은 사뭇 컸다고 말할 수 있다.

영어	프랑스어	영어	프랑스어
fashion	façon[파송]	dress	dresser[드레세]
apparel	appareil[아파레유]	habit	habit[아비]
robe	robe[로브]	garment	garnement[가른망]
collar	col[콜]	veil	voile[브왈]
buckle	boucle[부클]	button	bouton[부통]
boots	bottes[보트]	scarlet	écarlate[에카르라트]
ivory	ivoire[이부아르]	peral	perle[페를]
diamond	diamant[디아망]	emerald	éméraude[에메로드]

언어는 시간이 지나면 새로운 의미가 생겨난다. 남북한의 대치 속에 언어의 이질성이 나타나는 것도 같은 이치이다. 현대 영어의 apparel에는 '의복'이라는 뜻이 있지만, 프랑스어에는 중세에 '의상', '몸치장'이란 뜻이 있었고, 지금은 '기계', '기구'라는 뜻밖에 없다. 음성학적으로 영어와 프랑스어는 초성에 특별한 규칙을 가지고 있는데, 영어의 'sc-'는 프랑스어의 'é-'와 일치한다. 위의 표에서 'scarlet/écarlete'이 대표적인 예이다. 이 밖에도 'school/école', 'screen/écran', 'escape/écharper' 등의 단어쌍도 같은 대립을 보여 주고 있다.

2) 식생활과 관련된 차용어

식도락은 가진 자들의 향유물이다. 특히 신분제 사회였던 중세에서 식도락은 귀족들의 전유물이었고, 정복 이후 영국에서는 노르만 귀족이 그런 계층의 사람들이었다. 결론적으로 말해 영어에서 아침을 빼고 대부분의 식사 명칭은 프랑스어에서 유래했으며, 먹거리 중에서 빵을 의미하는 bread를 제외하고 대부분의 먹거리와 요리법들은 프랑스어에서 건너온 말들이다.

영어	프랑스어	영어	프랑스어
dinner	dîner[디네]	supper	souper[수페]
feast	festin[페스탱]	repast	repas[르파]
collation	collation[콜라송]	appetite	appétit[아페티]
taste	tâter[타테]	victual	victuaille[빅튀아유]
viand	viande[비앙드]	sustenance	soutenance[수트낭스]
markerel	marquereau[마크로]	perch	perche[페르슈]
salmon	saumon[소몽]	oyster	huître[위트르]
beef	bœuf[뵈프]	veal	veau[보]
sausage	saucisse[소시스]	trip	tripe[트리프]
chine	échine[에신]	pullet	poulet[풀레]
pigeon	pigeon[피종]	partirdge	perdrix[페드리]
pheasant	faisan[프장]	quail	caille[카이유]
squirrel	écureuil[에퀴뢰유]	pottage	potage[포타주]
salad	salade[살라드]	lettuce	laitue[레튀]
fruit	fruit[프뤼]	raisin	raisin[래쟁]
fig	figue[피그]	pastry	pâtisserie[파티스리]
tart	tarte[타르트]	jelly	gelée[줄레]
cherry	cerise[스리즈]	peache	pêche[페슈]
confection	confection[콘팩송]	spice	épice[에피스]
herb	herbe[에르브]	mustard	moutarde[무타르드]
viengar	vinaigre[비네그르]	roast	rôtir[로티르]

boil	bouillir[부이르]	cinnamon	cinnamome[시나몸]
stew	étuver[에튀베]	fry	frire[프리르]

위의 단어들 중에서 요리법에 관한 단어들만 분류해 보면, '끓이다' (boil), '굽다'(roast), '국물이 있게 끓이다'(stew), '튀기다'(fry) 같은 단어들이 모두 프랑스어에서 유래했음을 알 수 있다. 경우에 따라서는 형태가 동일한 단어의 의미 범주가 다른 경우도 있는데, 영어의 raisin은 '건포도'만을 의미하지만 프랑스어 raisin은 '포도송이'까지 그 의미가 확대되어 있다.

앞에서도 소개한 가축명과 고기명도 중세 영국 사회의 모습을 잘 보여 주는 단어군이다. 즉 가축을 기르는 사람들은 앵글로-색슨족이었고, 그 가축이 요리가 되어 식탁에 올라오면 먹는 사람들은 프랑스어를 사용하는 노르만족이었을 것이다. 'beef/bœuf', 'mutton/mouton', 'veal/veau', 'pork/porc' 같은 단어쌍들이 여기에 속한다. 이 밖에도 형태는 같지만 의미는 다른 단어들의 예는 다음과 같다. 영어 taste에는 '맛보다'라는 의미가 있지만, 그 어원인 프랑스어 tâter에는 '만지다', '더듬다'라는 뜻이 있다. 영어에서 특별한 의미가 만들어졌음을 알 수 있다. 마찬가지로 영어 sustenance는 '음식', '먹을 것'이라는 의미지만, 프랑스어 soutenance에는 '자기 말의 근거를 뒷받침하는 주장'이라는 다소 사변적인 의미가 들어가 있다. 끝으로, 영어 viande에는 '음식의 종류', '맛있는 음식', '식량'이라는 뜻이 있지만, 중세 프랑스어에는 '식량'이라는 의미가 있었고, 지금은 '고기'라는 뜻밖에 없다.

3) 문화와 관련된 차용어

문화는 시간적 여유가 있어야 즐길 수 있는 행위이다. 중세 서양에서 절대 다수가 가난한 농민이었던 사회를 상상해 보면 그들에게 문화란 '혈통 좋은 귀족들의 사치'로 보였을 것이다. 영국에 들어온 노르만 귀족들이 앵글로-색슨족들에게 그렇게 비쳐졌을 것이다. 역사는 그런 현상에 대해 많은 자료를 남기지 않았지만, 언어는 수백 년 동안 영국에서 문화적 향유를 누렸던 이들의 언어 생활에 대한 자료를 간직하고 있다.

영어	프랑스어	영어	프랑스어
art	art[아르]	painting	peinture[펭튀르]
sculpture	sculpture[스퀼튀르]	beauty	beauté[보테]
color	couleur[쿨뢰르]	figure	figure[피귀르]
image	image[이마주]	cathedral	cathédral[카테드랄]
palace	palais[팔레]	mansion	maison[메종]
chamber	chambre[샹브르]	chiminey	cheminée[슈미네]
tower	tour[투르]	poet	poète[포에트]
prose	prose[프로즈]	story	histoire[이스투아르]
tragedy	tragédie[트라제디]	preface	préface[프레파스]
title	titre[티트르]	chapter	chapitre[샤피트르]
paper	papier[파피에]	study	étude[에튀드]
copy	copie[코피]	wicket	guichet[기셰]
pinnacle	pinacle[피나클]	column	colonne[콜론]

위의 표에서 언급할 단어들은 먼저 영어의 mansion과 프랑스어의 maison이다. 전자는 '저택'의 의미가 있지만 프랑스어 maison은 영어의

house이다. 앞에서 설명했던 'college/collège'의 관계와 비슷하다. 즉, 노르만 귀족들은 자신들이 사는 집을 maison으로 불렀는데 원주민들에게 그런 집은 '저택'이었던 것이다. 그리고 '창구'를 의미하는 영어의 wicket과 프랑스어의 guichet는 철자에서 차이를 보이는데 wicket이 노르망 방언의 형태이고, guichet는 파리 지방의 형태이기 때문이다.

왜 John 2세는 없을까?

Henry 8명, Edward 8명, George 5명, William 4명, Richard 3명, Charles, James, Elisabeth, Mary는 2명 그리고 Victoria, Anne, Jane, Stephen, Matilda, John은 한 명…. 정복왕 이후 왕위에 오른 영국 왕들의 이름이다. 현재 엘리자베스 2세의 아들인 찰스 황태자가 왕위에 오르면 어떤 이름을 사용할까? 찰스 3세? 그런데 찰스 1세와 2세 모두 왕권신수설의 신봉자들이었고, 찰스 1세는 사형까지 당한 왕이라서 이미지가 안 좋다. 분명히 알 수 있는 것은 절대 존 2세란 호칭은 사용하지 않을 것 같다. 다른 이름들은 시대를 넘어 반복적으로 등장하지만 John은 딱 한 번 나오고 영국 역사에서 사라졌다. 왕권을 지키지 못하고 대헌장에 서명한 왕, 프랑스의 광활한 영지를 잃어버린 왕, 부인을 버린 왕의 이름을 후대의 영국 왕들은 단 한 번도 사용하지 않았다. 불쌍한 존 왕…. 하지만 그는 엘리자베스 2세 여왕의 28대 직계 조부다.

글을 마치면서

　시간 여행은 언제나 흥미롭다. 실제로 타임머신을 타고 지금부터 천여 년 전의 영국과 프랑스에 가 본다면 현대인의 상식으로는 이해하지 못하는 일이 부지기수일 것이다. 바이킹 같은 해적들이 전 서유럽을 공포에 떨게 만들었으며, 도시 위주의 로마 제국은 붕괴되고, 새로운 주인인 게르만족은 요새 같은 성채 속에 꼭꼭 숨어 살았다.

　왕국을 저당 잡히고 십자군 원정에 나선 군주, 지금의 벨기에 정도의 땅을 결혼 지참금으로 가지고 간 여인, 이런 인물들은 중세에서만 이해할 수 있는 인물들이다. 게다가 그들의 언어 지도는 복잡했다. 라틴어라는 문어가 공적인 용도로 사용될 뿐, 일상 구어는 지방마다 다른 방언들로 이루어져 있었다. 하지만 그중에서도 왕의 언어가 표준 언어에 가장 가까운 언어였다.

　영국의 역사는 중세부터 복잡한 모습을 띠고 있었다. 원주민인 켈트족은 스코틀랜드와 웨일스로 쫓겨나고, 그 자리에는 독일과 덴마크에서 이주한 앵글로-색슨족이 정착을 했다. 그 이후에도 바이킹들이 침략하여 영국 왕국의 일부를 차지하고 살았다. 그러던 중에 이번에는 프랑스의 노르망디 공 윌리엄이 쳐들어 온 것이다. 색슨족의 왕 헤롤드는 제대로 힘도 한번 써 보지 못하고 전장에서 목숨을 잃었다. 이 전쟁은 단순한 제후들 간의 영토 침략 전쟁이 아니었다. 영국의 새로운 주인이 된 노르만족은, 비록 바이킹들의 후예였지만, 그들은 프랑스 문화에 이미 동화된 이방인들이었다. 색슨족의 왕 헤롤드의 죽음은 색슨 왕국의 종말이자 영어의 죽음을 의미하는 사건이었던 것이다.

영어가 독일어와 같은 계파에 속하면서도 친족 관계가 먼 프랑스어와 유사하게 보이는 이유는 바로 윌리엄의 정복이 결정적인 역할을 했다. 영어는 정복 이후 3세기 이상 왕국의 공식 언어가 아니었다. 정복 이후 영어를 공식 석상에서 처음으로 사용한 왕은 에드워드 3세의 손자인 헨리 4세로 역사는 기록하고 있다. 랭커스터 왕조의 헨리 4세가 영국 왕위에 오른 해는 1399년이므로 정복 이후 무려 333년간 영국의 왕은 프랑스어를 공식적인 자리에서 사용했다는 말이다.

이 기간 중 영어는 문학어와 행정의 공식 언어로서의 자리를 잃었다. 적지 않은 고유어들이 프랑스어에 의해 사라졌으며, 수많은 프랑스어들이 영어에 차용되었다. 현재 영어 어휘들이 프랑스어보다 양적인 면에서 많은 이유 중의 하나이다. 하지만 영어는 이 기간 중에 그 형태와 문법적인 특징들이 단순화되어 오늘에 이르고 있다. 외국어의 지배가 항상 부정적인 영향만을 끼치는 것이 아니다.

영국과 프랑스가 백년전쟁이라는 전대미문의 전쟁을 통하여 프랑스는 전 국토가 유린되고, 영국도 오래 지속된 전쟁으로 온 신민들이 지친 상태였다. 영국은 윌리엄의 정복 이후 끊임없이 프랑스 왕국 안의 영토에 대한 종주권을 주장하였고, 그것이 백년전쟁의 도화선이 되었다. 다시 말해 백년전쟁 전까지 영국 왕조는 프랑스 계통의 왕조였고, 국왕들은 프랑스어를 모국어로 사용했으며, 3세기 이상 영국의 왕비들은 모두 프랑스에서 건너왔다. 이렇게 보면 이 시기의 영국은 프랑스 왕을 주군으로 섬기는 대제후의 나라인 것처럼 보인다. 사실 역사적으로 보아도 이 시기의 영국 왕은 프랑스 국왕의 봉신이었다. 이 모든 것이 노르망디 공 윌리엄이 영국 왕이 되면서부터 시작되었다.

하지만 영국은 중세 여러 국가 중에서 가장 부유한 나라 중의 하나였다. 사자심왕 리처드가 십자군 원정에서 돌아오다가 인질로 잡혔을 때 그의 몸값으로 왕국의 재정 수입 1년 치를 지불한 것으로 보아, 영국의 경제 규모를 짐작할 수 있다. 지금으로 치면 수조 원에 해당되는 돈을 국왕의 몸값으로 지불한 것이다.

영국의 역사를 이해하기 위해서는 프랑스와의 전쟁, 문화적 교류 그리고 두 언어의 애증 관계에 대해 알아야 한다. 수백 년 동안 프랑스어 영향을 받은 영어는 15세기에 위대한 국민 시인 초서의 등장으로 새로운 국면을 맞는다. 그리고 영국은 스페인의 무적함대를 격파하고 명실상부한 유럽의 패자로 등장하여 언어의 지배 관계도 변하게 된다. 항상 차용을 하던 프랑스어에 이제는 영어가 들어가게 된 것이다. 그 이후의 역학 관계는 지금 영어의 모습을 보면 확인할 수 있다.

한 민족의 역사는 주변 나라들과의 문화적 교류를 통해 잘 드러난다. 그중에서도 언어는 역사와 문화의 형성에 토대를 이루는 기본 요소의 역할을 한다. 지금도 영국 왕실의 문장에 남아 있는 프랑스어 제명은 천 년 전 두 나라 사이에서 일어났던 역사적 사건을 소리 없이 세상에 전하고 있다. 그리고 정복왕 윌리엄의 32대손 엘리자베스 2세 여왕은 왕실의 제명처럼 이렇게 말하고 있는 듯하다 : "사념(邪念)을 품은 자에게 화가 있으라!"

영국에 영어는 없었다

중세 영국과 프랑스 왕가의 가계도

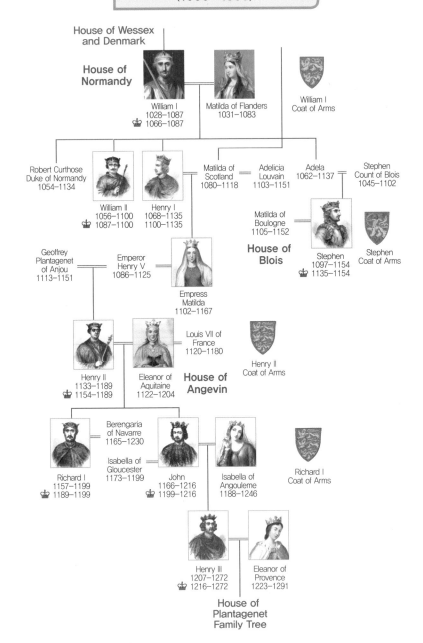

노르만 왕조 & 플랜태저넷 왕조
(1066~1399)

House of Wessex and Denmark

House of Normandy

William I
1028–1087
♔ 1066–1087

Matilda of Flanders
1031–1083

William I
Coat of Arms

Robert Curthose
Duke of Normandy
1054–1134

William II
1056–1100
♔ 1087–1100

Henry I
1068–1135
1100–1135

Matilda of
Scotland
1080–1118

Adelicia
Louvain
1103–1151

Adela
1062–1137

Stephen
Count of Blois
1045–1102

Matilda of
Boulogne
1105–1152

House of
Blois

Stephen
1097–1154
♔ 1135–1154

Stephen
Coat of Arms

Geoffrey
Plantagenet
of Anjou
1113–1151

Emperor
Henry V
1086–1125

Empress
Matilda
1102–1167

Henry II
1133–1189
♔ 1154–1189

Eleanor of
Aquitaine
1122–1204

Louis VII of
France
1120–1180

House of
Angevin

Henry II
Coat of Arms

Richard I
1157–1199
♔ 1189–1199

Berengaria
of Navarre
1165–1230

Isabella of
Gloucester
1173–1199

John
1166–1216
♔ 1199–1216

Isabella of
Angouleme
1188–1246

Richard I
Coat of Arms

Henry III
1207–1272
♔ 1216–1272

Eleanor of
Provence
1223–1291

House of
Plantagenet
Family Tree

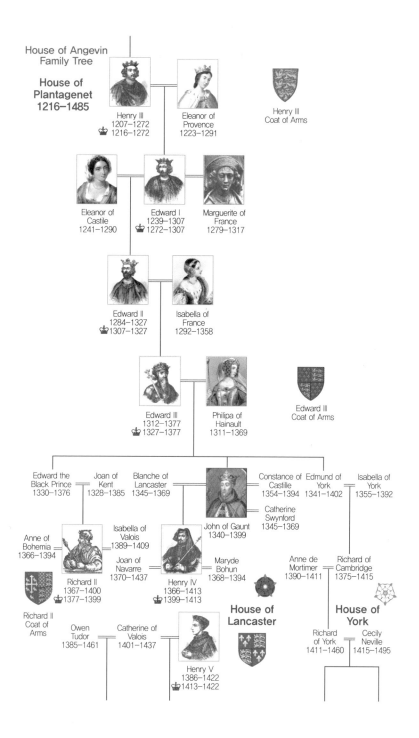

House of Angevin Family Tree

House of Plantagenet 1216–1485

Henry III
1207–1272
♛ 1216–1272

Eleanor of Provence
1223–1291

Henry III Coat of Arms

Eleanor of Castile
1241–1290

Edward I
1239–1307
♛ 1272–1307

Marguerite of France
1279–1317

Edward II
1284–1327
♛ 1307–1327

Isabella of France
1292–1358

Edward III
1312–1377
♛ 1327–1377

Philipa of Hainault
1311–1369

Edward III Coat of Arms

Edward the Black Prince
1330–1376

Joan of Kent
1328–1385

Blanche of Lancaster
1345–1369

Constance of Castille
1354–1394

Edmund of York
1341–1402

Isabella of York
1355–1392

Catherine Swynford
1345–1369

Anne of Bohemia
1366–1394

Isabella of Valois
1389–1409

John of Gaunt
1340–1399

Joan of Navarre
1370–1437

Maryde Bohun
1368–1394

Anne de Mortimer
1390–1411

Richard of Cambridge
1375–1415

Richard II
1367–1400
♛ 1377–1399

Henry IV
1366–1413
♛ 1399–1413

House of Lancaster

House of York

Richard II Coat of Arms

Owen Tudor
1385–1461

Catherine of Valois
1401–1437

Richard of York
1411–1460

Cecily Neville
1415–1495

Henry V
1386–1422
♛ 1413–1422

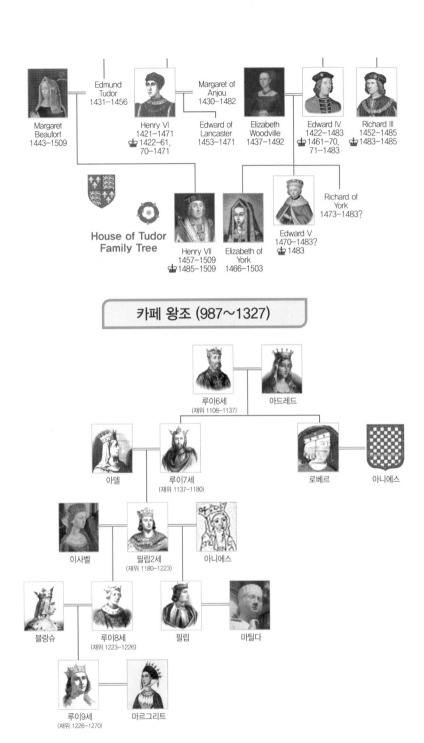

House of Tudor
Family Tree

Margaret
Beaufort
1443–1509

Edmund
Tudor
1431–1456

Henry VI
1421–1471
👑1422–61,
70–1471

Margaret of
Anjou
1430–1482

Edward of
Lancaster
1453–1471

Elizabeth
Woodville
1437–1492

Edward IV
1422–1483
👑1461–70,
71–1483

Richard III
1452–1485
👑1483–1485

Henry VII
1457–1509
👑1485–1509

Elizabeth of
York
1466–1503

Edward V
1470–1483?
👑1483

Richard of
York
1473–1483?

카페 왕조 (987~1327)

루이6세
(재위 1108–1137)

아드레드

아델

루이7세
(재위 1137–1180)

로베르

아니에스

이사벨

필립2세
(재위 1180–1223)

아니에스

블랑슈

루이8세
(재위 1223–1226)

필립

마틸다

루이9세
(재위 1226–1270)

마르그리트

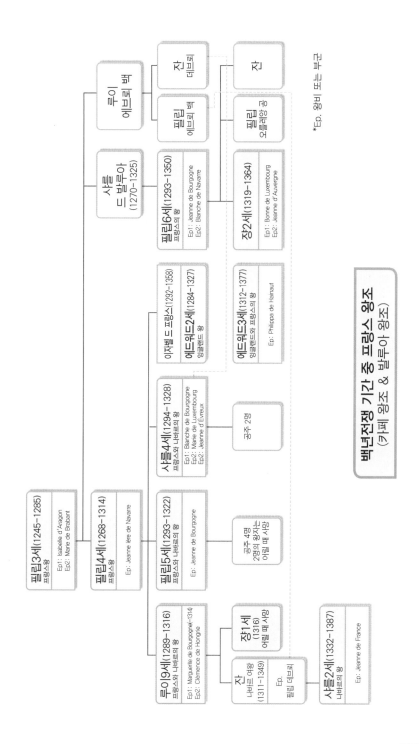

백년전쟁 기간 중 프랑스 왕조
(카페 왕조 & 발루아 왕조)

*Ep. 왕비 또는 부군

필립3세(1245-1285)
프랑스왕

Ep1: Isabelle d'Aragon
Ep2: Marie de Brabant

필립4세(1268-1314)
프랑스왕

Ep: Jeanne 1ère de Navarre

루이 에브뢰 백

샤를 드 발루아(1270-1325)

진 데브뢰

필립 에브뢰 백

진

필립 오를레앙 공

필립6세(1293-1350)
프랑스의 왕

Ep1: Jeanne de Bourgogne
Ep2: Blanche de Navarre

장2세(1319-1364)

Ep1: Bonne de Luxembourg
Ep2: Jeanne d'Auvergne

이자벨 드 프랑스(1292-1358)

에드워드2세(1284-1327)
잉글랜드 왕

에드워드3세(1312-1377)
잉글랜드 프랑스의 왕

Ep: Philippa de Hainaut

샤를4세(1294-1328)
프랑스와 나바르의 왕

Ep1: Blanche de Bourgogne
Ep2: Marie de Luxembourg
Ep3: Jeanne d'Évreux

공주 2명

필립5세(1293-1322)
프랑스와 나바르의 왕

Ep: Jeanne de Bourgogne

공주 4명
2명의 왕자는
어릴 때 사망

루이9세(1289-1316)
프랑스와 나바르의 왕

Ep1: Marguerite de Bourgogne(~1314)
Ep2: Clémence de Hongrie

장1세
(1316)
어릴 때 사망

진
나바르 여왕
(1311-1349)

Ep.
필립 데브뢰

샤를2세(1332-1387)
나바르 왕

Ep: Jeanne de France

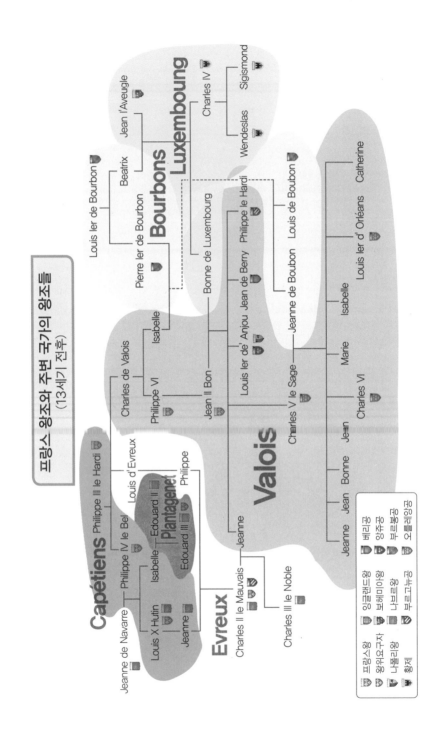

프랑스 왕조와 주변 국가의 왕조들
(13세기 전후)

Capétiens

Jeanne de Navarre
Philippe III le Hardi
Philippe IV le Bel
Louis X Hutin
Jeanne
Isabelle
Edouard II
Edouard III
Louis d'Evreux
Philippe

Plantagenet

Evreux

Charles II le Mauvais
Jeanne
Charles III le Noble

Valois

Charles de Valois
Philippe VI
Isabelle
Jean II Bon
Jeanne
Jean
Bonne
Louis Ier de' Anjou
Jean de Berry
Philippe le Hardi
Charles V le Sage
Jeanne de Boubon
Louis de Boubon
Marie
Isabelle
Charles VI
Louis Ier d' Orléans
Catherine

Bourbons

Louis Ier de Bourbon
Pierre Ier de Bourbon
Beatrix
Bonne de Luxembourg

Luxemboung

Jean l'Aveugle
Charles IV
Wendeslas
Sigismond

프랑스왕
잉글랜드왕
나바르왕
황제
앙주요구자
보헤미아왕
부르고뉴공
베리공
양쥬공
나튀르공
부르봉공
오를레앙공